有一種心態叫放下

全集

前言：幸福是鎖，放下是打開的匙

放下，是一個心態的選擇，是一門心靈的學問，是一種泰然的處事之道。

伏爾泰說：「使人疲憊的不是遠方的高山，而是鞋裡的一粒沙子。」在人生的道路上，要想邁步遠行，就必須學會隨時倒出「鞋裡」的那粒「沙子」。這小小的「沙粒」就是那些需要放下的東西。放下之後，你會看到天空的蔚藍，感受到陽光的溫暖；你會聞到芳草的清香，聽到動人的音樂……當你決定放下的那一刻，也許你就找回了自己，找回了快樂。有時候，我們得有一種豁達的、能放下的心態，有些事是根本不值得我們惦記的。面對人世紛雜、塵事庶務、名利地位、私心雜念、聲色犬馬……該放下的就得放下，把什麼都抓在手裡，也是種累。古往今來，不少功成名就之人，或捐資濟世，或甘於淡泊，出入於世，都是勇於並捨得「放下」。在放下的同時，獲得的是意外的、雋永的、更高層次的幸福。放下使人格得以提升，使人性趨於完美。

人生歷程充滿了變數，一些你已經得到的，不見得永遠是你的，所以要學著用淡泊的心態去看待事物，而那些需淡泊看待的事物，也許就是你該放下的部分。學著放下，放下包袱去生活，才能感覺輕鬆。快樂源於知足，知足源於放下，放下的愈多，就愈容易知足，知足而樂！

放下是一種人生哲學，是灑脫，是積極的人生態度。學會放下，也就學會了解脫，這有助於我們在人生前行的路上坦然面對一切，成為更大的贏家。

禪的最高境界，即「放下」。「放下」的禪理類同於「得與失」的智慧。失即是得，這雖是一種痛苦，但也是一種幸福。因為只有失去，空下的雙手，才能拾起新的幸福。過去的事情已然過去，繁華似錦也罷，一塌糊塗也罷，歸零是必然的。現實早已重啟，你還戀戀不捨，耿耿於懷，心裡放不下，又是何苦呢？該放下的就應該放下了。睡覺時照常睡覺，吃飯時照常吃飯，該怎麼生活就怎樣生活。

放下壓力，獲得輕鬆；放下煩惱，獲得快樂；放下自卑，獲得自信；放下懶惰，獲得充實；放下消極，獲得進取；放下抱怨，獲得舒心；放下猶豫，獲得瀟灑；放下狹隘，獲得自在……人生在世，有些東西是根本沒必要讓它存在的。只有懂得該放下時就放下，你才能夠騰出手來，抓住真正屬於你的快樂和幸福。

放下是一種睿智的表現，是一種生活智慧。絕對不是一種隨意捨棄的態度，一切隨緣，一切莫強求，它不僅可以帶給你幸福的生活，還會為你的人生增光添彩。

為什麼生活富裕了，壓力卻愈來愈大；收入增加了，快樂卻愈來愈少，愁苦隨著壓力的增長而增長……當惱人的情緒來襲時，如何重拾愉快的心情？人為什麼有這麼多的愁苦？其根本原因就是人們沒有學會放下。無論你是富貴還是貧窮，身分高貴還是卑微，對幸福的渴望都是相同的。可是，人們總在幸福之前加以「追求」或「爭取」這個動詞，彷彿幸福是那耀眼的金牌，必須經過一番競爭與奮鬥才能得到。這讓很多人認為，幸福是來自於自身之外的某樣東西。然而，當你得意地看著手中辛苦掙來的戰利品時，卻隱約有一絲失落，因為你所期待的「幸福」，並未隨之而來。那是因為，你還沒有找到那把開啟幸福之鎖的鑰匙。

我們要想生存，就必須學會放下。放下那些看似最有利可圖卻不能令人再進步的東西，只有鼓起勇氣，不斷放下，才能攀登人生的另一高峰。為了熊掌，可以放下魚；為了事業的成功，可以放下消遣娛樂；為了純真的愛情，可以放下金錢；為了崇高的真理，可以放下利祿乃至生命……要想有所成就，就要懂得保留生命中最有價值、最必要、最純粹的部分，放下不必要的牽掛與累贅，輕裝上陣。

目錄

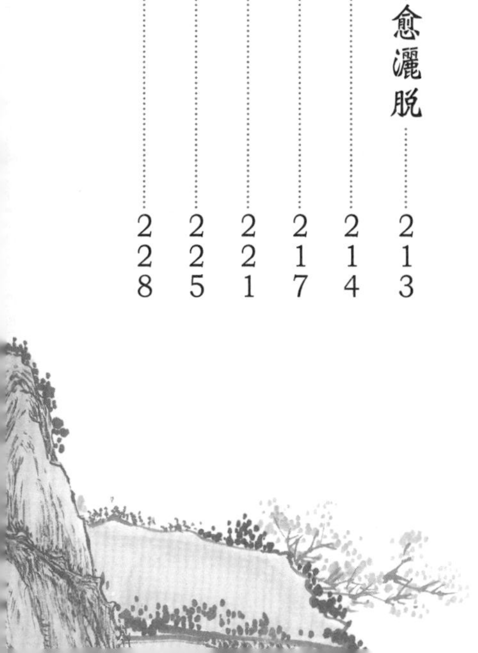

第一章

為人處世，正確取捨——愈放下得愈多

放下是處世的哲學，也是做人做事的藝術。很多時候我們都應該懂得「放下」。

能否捨棄人生路上必須放下的東西，這是衡量一個人是否成熟、是否具有智慧的重要標準。因為只有當一個人能夠冷靜而準確地認識自己，認識環境，能夠理性、客觀地規劃自己的理想與生活的時候，他才敢放下，才能夠放下。

放下是大自然的規律，是生存的一種方式，是勇敢者的行為，每一次放下都是為了下一次得到更多的回報。

1．要拿得起更要放得下

人生在世，大致有如下幾種活法：拿得起放得下，拿得起放不下，拿不起放得下，拿不起放不下。唯獨拿得起又放得下，才能成就最完美的人生。——《拿得起放得下》

拿得起，放得下。堅持不一定就是勝利

拿得起，放得下。堅持不一定就是勝利，必要的時候放棄也是明智的選擇。人生在世，該堅持時要堅持，該放棄時要放棄。

「堅持就是勝利」，在多數人的心裡已經成了亙古不變的箴言，但是人們卻忽略了正確的堅持才是勝利的前提，只有你所堅持的方向是正確的，你所走的道路是適合你的，你才能到達勝利的彼岸，否則，不但不會勝利，反而會離目標愈來愈遠。

有一個美國青年無意中發現了一則能將清水變汽油的廣告。這個青年特別喜歡研究，滿腦子都是一些稀奇古怪的想法。他渴望有一天成為舉世矚目的發明家，全世界的人都能享用到他的發明創造。

所以，當他看到能將水變汽油的廣告時，馬上來了興致。他買來了資料，把自己關在屋子裡，不接待串門的客人，拔掉電話線，關上手機，切斷了一切與外界的聯繫。他說他需要絕對的安靜，需要絕對的專心，直到這項偉大的發明成功為止。

青年不分晝夜地、廢寢忘食地研究著，常常兩頓飯合成一頓吃。就連飯都是母親從門縫裡遞

進去的，以免母親進來打擾他。善良的母親看見自己的兒子越來越瘦，終於忍不住了，趁兒子上廁所的時候，溜進他的臥室，看了他的研究資料。她還以為兒子的研究有多麼偉大，原來是研究如何將水變成汽油，這是不可能的事情。

母親不能眼睜睜地看著兒子陷入荒唐的泥潭無法自拔，於是就勸兒子說：「你要做的事情根本不符合自然規律，別再瞎忙了。」青年根本就聽不進去，他頭一昂，回答說：「只要堅持下去，我相信總會成功的，堅持就是勝利。」

三年，五年，十年……一轉眼間，青年已白髮蒼蒼，父母死了，沒有工作，他只能靠政府的救濟勉強度日。可是他卻「屢敗屢戰，屢戰屢敗」，繼續他的研究。

一天，一位多年不見的朋友來看他，看見了他的研究計畫，驚愕地說：「原來是你！幾十年前，我因為無聊貼了一份水變汽油的假廣告。後來有一個人向我郵購所謂的資料，原來那個人就是你！」

聽完這一番話，青年瘋了，最後住進了精神病院。

堅持需要很大的勇氣，放棄需要更大的勇氣，當你發現自己走錯路時，就應該果斷地放棄。可是有的人往往沒有這種勇氣，或者說：已經走到這一步了，已經無法回頭了，已經沒有選擇了，只能夠這樣走下去了；或者說，這是老天爺要自己這樣做的，這是命中註定的。

什麼「無法回頭」，什麼「命中註定」，其實都是為自己缺乏勇氣面對現實而找的藉口，是害怕自己放棄之後，不但改變不了困境，反而會陷入更大的困境。有這樣的擔憂可以理解，但你要知道，你已經在困境裡面了，如果不出來，你就永遠在困境裡面，而你一旦邁出了第一步，多一個選擇，就會多一份希望。

有時候，堅持不一定就是好的，而放棄不一定就是消極的。只有前進方向正確，才能離目的愈來愈近，如果方向不對，只會愈走愈遠。這時，只有不再堅持，選擇放棄，等確定方向再重新努力才是明智之舉。

放得下：處世的真諦

為什麼處在同樣的一個世界，有的人活得輕鬆灑脫，有的人卻活得沉重？因為前者拿得起，放得下；而後者是拿得起，卻放不下。所以，有人說：人生最好的狀態就是拿得起，放得下。因為只有這樣，你才能活得輕鬆而幸福。

人生之路是坎坷的，也許有時生活會逼迫你不得不交出權力，不得不放走機遇，甚至不得不拋棄愛情。因為，人生沒有完美，你不可能什麼都得到，所以，在生活中應該學會放棄。

而現實卻是，許多人不是拿不起來，而是放不下，人們不想丟掉手中的東西，卻又要拿起更多的東西。

那些苦苦地挽留夕陽的人，是傻子；久久地感傷春光的人，是蠢人。那些什麼也不願放棄的人，失去的東西往往也就愈多。

成功者之所以能夠成功，是因為他們不計較一時的得失，知道放棄，放棄些什麼，如何放棄。放棄，你才能輕裝前進；放棄，你才能擺脫煩惱的糾纏，從而使整個身心沉浸在輕鬆悠閒的寧靜之中。

放棄不僅可以改變你的形象，使你顯得豁達豪爽，還會使你贏得眾人的信賴，讓你變得更加精明、更加能幹、更有力量。

只有放得下，才能把該拿起的東西更好地把握住，從而抓住最重要的東西。只有如此，人生才會有一個更好的結局。

朋友們，學會放棄吧！放棄失戀帶給你的痛苦，放棄屈辱留下的仇恨，放棄心中所有難言的負荷，放棄費盡精力的爭吵，放棄對權力的角逐，放棄對虛名的爭奪……凡是次要的、枝節的、多餘的，該放棄的都要放棄。拿得起，難能可貴，然而，放得下才是人生處世之真諦。

智慧品人生

放棄不是懦弱，相反是一種勇氣，一種戰勝自我、超越自我的勇氣。你放棄了一個無法實現的理想，卻促成了一個新事物的誕生。你似乎是在放棄，其實那是另外一種堅持。每個人都應該學會在堅持中放棄，在放棄中堅持。

2．不要苛求百分之百的公平

生活是不公平的，要去適應它。——比爾．蓋茲

百分之百的公平是不存在的

生活中，這樣的現象時常在我們的身邊發生：沒有能力的人身居高位，有能力的人懷才不遇；做事做得少或者不做事的人，拿的薪水要比做事多的人還要高；同樣的一件事情，你做好了，老闆不但不表揚還要雞蛋裡挑骨頭，而另外一個人把事情做砸了，卻得到老闆的誇獎和鼓勵……諸如此類的事情，我們看了就生氣，會理直氣壯地說：「這簡直太不公平了！」

不公平，是一個讓很多人感到受傷的詞語，許多人都覺得自己在受著不公平的待遇。事實上，這個世界根本就沒有百分之百的公平，你愈是想尋求百分之百的公平，就愈會覺得別人對自己不公平。

阿章和小徐同一天進公司，且被安排在同一個部門。剛開始的時候，阿章和小徐沒有什麼兩樣。一星期上五天班，早上九點上班，下午六點下班，上下班打卡，遲到早退要扣薪水，有事不來要向人事部門請假……

就在一個月後，阿章發現小徐變了，最大的變化就是經常不來上班。阿章一開始時以為小徐是有什麼事情而不來上班，也沒覺得怎樣。但有一次，在公司上以 Skype 聯繫一筆業務的時候，他發現小徐也在線上。阿章出於好奇就問小徐：「你今天怎麼不來上班呢？有事嗎？不來上班要

扣錢的。」小徐只是說自己有事並沒多說什麼。阿章出於好意問小徐要不要自己替他請假，小徐直截了當地告訴他不用，他不來上班從來就沒有請過假。

在發薪水的那一天，阿章留意了一下，發現給小徐的薪水和自己的一模一樣，也就是說這一個月小徐遲到、早退、不來上班沒有扣一分錢薪水。

阿章開始納悶了，他想，難道是公司的制度有了變化？於是，他也學小徐，一週只來兩三天，其他的日子去做別的事情。到了月底發薪水的時候，阿章大吃一驚，自己的薪水被扣掉了一半！理由是，他有一半的時間沒來上班。阿章很生氣，他覺得太不公平了，於是氣呼呼地去找財務理論。財務讓他去找老闆理論，說自己也只是按規定辦事。

這時候，平時和阿章關係不錯的一個老員工偷偷地告訴他：「你別去找老闆了。你還不知道吧，小徐是他的外甥。」阿章聽了，恍然大悟，原來如此啊！幸虧沒去找老闆，否則後果不堪設想。從此以後，阿章再也不苛求所謂的公平了。

現實生活中，絕對的公平是不存在的，有時，一味地追求公平往往不會有好結果，你所知道的表象，不一定能成為你申訴的理由，所以，對此你不必憤憤不平。

不僅是職場，其他領域也是一樣，這個世界不是根據公平的原則創造的。老鷹吃蛇，蛇吃鼠，鼠又吃糧食……只要看看大自然就可以明白，世界對於這些受到威脅的弱者來說永遠是不公平的，弱肉強食，優勝劣汰，沒有公平可言。如果只是一味地追求絕對的公平，只會導致心理嚴重失衡，使自己變得浮躁不安。何不放下這種追求絕對公平的心態，使自己的心靈得以解脫呢？放下，就是快樂。

生活是不公平的，要去適應它

比爾．蓋茲說：「生活是不公平的，要去適應它。」的確，生活上有太多的事情都充滿著不公平。就像選秀，你認為自己比其他人優秀，你的投票率會最高，但最後結果可能是評審都沒選中你，你肯定覺得比賽有黑幕、不公平，是他們使你喪失了一個能夠一夜成名的機會。

其實，這所謂的公平無非是想得到別人的認可和讚揚，是自己的虛榮心在作怪。只要自己努力過，參與過，享受過過程就夠了，結果只是錦上添花而已，得到大多數人的認可已經是勝利者了。若是把冠軍給了你，激動一段時間之後，往後的日子也還是一樣要過，「生、老、病、死」都一樣要經歷。

不要執著於眼前的名和利，做自己喜歡做的事情，享受這個過程的樂趣，不要只為了別人對自己的評價而活。如果是那樣，你所做的每樣事情都將變成為別人而做，不是為自己而做了。

追求公平的心態阻礙著人的正常發展，只有放下這種無謂的追求，才能夠迎來和諧快樂的人生。所以，當你遇到讓你感到不公平的事情時，一定要妥善地處理：

一、不必事事苛求絕對的公平

世界上根本就沒有絕對的公平，因此不必事事都拿著一把公平的尺去衡量，否則就是自己與自己作對。

二、改變你衡量公平的標準

不公平只是你的主觀感覺，只要你從心底改變一下這個標準，就能夠消除這種發自心底的不公平感。這次沒升為主管，覺得很不公平，換一個角度，想想主管的名額有限，許多和自己條件一樣甚至強於自己的人也沒當上，也許你就不會那麼不開心了。

三、設法通過自己的奮鬥和努力來求得公平

人都需要得到別人的尊重與肯定，有些看似不公平的事正是自己不成熟的觀念與言行造成的，所以就要通過自己的奮鬥和努力來求得公平。

不要斤斤計較生活中的小事，不要耿耿於懷已經過去的事情，多把精力和時間放在創造新的價值上。這樣，也許就單件事情來說不一定公平，但從整體上來說就公平了。

智慧品人生

任何時候，公平都是相對而言的，衡量公平的標準也不是固定不變的，所謂的不公平只不過是進行比較後的主觀感覺，所以只要我們改變一下比較的標準，就能夠在心理上消除不公平感。

當你換個角度來看問題時，你會發覺自己得到的比失去的要多。不要苛求百分之百的公平，放下無謂的公平追求，你會發現人生其實還有更多有意義的事情在等著你去做！

3．算計別人就是算計自己

人與人之間，只有真誠相待，才是真正的朋友。誰要是算計朋友就等於自己欺騙自己。——哈吉．阿布巴爾．伊芒

算計別人不可取

大多數人考慮事情都是從個體本位出發，先考慮這件事情會對我有什麼傷害、影響，再考慮其對別人的利益、影響，從而決定自己的具體行動，以及這些行動能給自己帶來多大的利益。衡量來衡量去後，才挑出一個自認為對自己有最大好處的選擇。

然而，事情的結果，並不能就按著當初自己想的那樣進行順利，並達到預計的目標。以己出發，剛開始會心滿意足，到最後，可能你失去的比得到的更多。

與人交往時，心胸狹隘的人，是那些常常不能真誠待人，甚至嫉妒心異常嚴重的人，是最會不擇手段地算計別人的人。

春秋戰國時期，孫臏、龐涓兩人共同師於鬼谷子門下，但是他們所學內容並不一樣。孫臏將所學的都教給了龐涓，當孫臏問及龐涓都學了些什麼的時候，龐涓總是支支吾吾，敷衍搪塞。

學習一段時間之後，龐涓認為憑自己的能力足以縱橫天下了，便下山去闖蕩江湖，最後他做了魏國的駙馬。可是當他得知孫臏還在跟著師傅學藝的消息後，感到孫臏是自己潛在的競爭對手，必須設法將其除掉。

在龐涓幾次「盛情邀請」之下，孫臏應邀到了魏國。隨後，龐涓設計陷害孫臏並挖掉了孫臏的膝蓋骨，孫臏不得已以裝瘋賣傻的方式，來打消龐涓繼續殘害自己的念頭。機關算盡的最後，反而是龐涓被孫臏困在馬陵，落了一個亂箭穿身的下場。

龐涓這麼精明的一個人，一心想著算計別人，結果最倒楣的事情卻落到了他自己身上。精明之所以有時會壞事，是因為精明走到極端就是狡詐，「機關算盡太聰明，反誤了卿卿性命」。

精於算計別人的人，不但算計了別人，也算計了自己。因此有人說，糊塗比精明好，其實糊塗之所以有時比精明好，是因為犯了錯誤之後，大家知道他不是故意的，容易得到大家的原諒。坦蕩的人更是深明這個道理，所以他們不會無端地算計他人。

日常生活中，每個人都要時常提醒自己，寧願吃一點虧，也不能為一點利益，想方設法地算計自己的朋友。那樣你會失去朋友，失去他們的關懷以及他們對你的信任。

算計別人，也許你得到了你想要的，但會失去你本來在別人那兒所擁有的。算計別人害人又害己，遠離算計，放棄這種「小聰明」，你就會成為一個處處受人歡迎的人！

算計，害人又害己

愛算計的人，通常是一個事事計較的人，算計容易讓人失掉平靜，處在一事一物的糾纏裡。而一個經常失去平靜的人，在生活中是無法得到平衡和滿足的，他們總是與別人鬧意見，分歧不斷，內心充滿了衝突。

愛算計的人，心臟的跳動比平常人快，睡眠不好，失眠也總是與之相伴。消化系統易受損害，氣血不調，免疫力下降，容易患神經、皮膚疾病。最可怕的是，他們都是經常注重陰暗面的人，總在發現問題、發現錯誤，總在懷疑一切，常常把自己擺在世界的對立面。他們處處擔心、事事設防，內心總是灰色的，這實在是一種莫大的不幸，這使他們的生命變得沒有色彩。

佳君才四十出頭，卻已未老先衰，病魔與她形影不離，折磨得她痛不欲生。瞭解她的人都會在同情之餘加上一句感嘆：「她太會算計了，是算計害了她。」

她與婆婆和妯娌的關係不好，一點雞毛蒜皮的家庭利益，都能讓她琢磨成許多原則性的問題，親情在她的算計中淡去，最後竟到了老死不相往來的地步。

在工作中，她也很會算計。特別是晉升幹部、加薪評獎時，她會對上司和同事的一個臉色、一句不經意的話特別敏感，並反覆研究，按照自己算計得出的結果，集中力量進行反擊。於是，她自己人為地與同事之間畫了一條防線，嚴防死守，還不時出擊，最終是傷人也傷己。

她一個知心朋友都沒有，沒有和諧的工作環境和家庭環境，整日被算計的焦慮困擾著，常常是坐臥不寧，苦思冥想，處心積慮，最終導致了她脫髮、消瘦、心律失常。過度的算計是會致人病、要人命的。

喜歡算計的人，容易對人、對事產生不滿和憤恨，所以人際關係不佳，事情處理不好。這樣的結果會使算計者窮盡心力，進行再算計、再反擊，最後導致惡性循環。

人們常說：「大事聰明，小事糊塗。」算計的對立面是糊塗。對於大事，原則問題，應該頭腦清醒，毫不含糊。對那些不重聽的話和看不慣的事，裝作沒聽見、沒看見。這種「小事糊塗」的處事態度，不僅可以為你贏得良好的人際關係，也是健康長壽的祕訣之一。

智慧品人生

如果一個人能做到「小事糊塗」，心胸就會開闊，就會使他人感到可敬、可親、可愛，從而使自己的內心獲得溫暖與滿足。在遇到人際紛爭的事情時，就能讓人三分，息事寧人，使緊張的氣氛變得輕鬆。特別是當處在困境或遭遇挫折時，「糊塗」更能幫助人消除心理上的痛苦和疲倦。

停止你的算計，用你的真誠去為人處世，相信你一定會生活在祥和的環境與氣氛中，你自然也就會輕鬆愉快，健康長壽！

4．戰則敗，不戰則勝

古之所謂善戰者，勝於易勝者也。故善戰者之勝也，無智名，無勇功，故其戰勝不忒。不忒者，其所措勝，勝已敗者也。故善戰者，立於不敗之地，而不失敵之敗也。是故勝兵先勝而後求戰，敗兵先戰而求後勝。——孫子

贏了戰爭，卻輸了一生

三國時期，東吳的大將周瑜，聰明過人。可是，他卻對蜀相諸葛亮一直耿耿於懷，幾次想除掉諸葛亮，但是都未能得逞。赤壁之戰，周瑜損兵折將，也費了不少錢糧，到最後卻讓諸葛亮從

中撿個大便宜，氣得周瑜「大叫一聲，金瘡迸裂」。

隨後，周瑜用美人計，騙劉備去東吳成親，被諸葛亮將計就計，結果是「賠了夫人又折兵」，氣得周瑜又「大叫一聲，金瘡迸裂」。後來，周瑜又用「假途滅虢」之計，想謀取荊州，還是被諸葛亮識破。諸葛亮四路兵馬圍攻周瑜，並寫信規勸他，所以周瑜仰天長歎「既生瑜，何生亮」，連叫數聲而亡。

周瑜為什麼會失敗？這主要是因為他在人生這場戰鬥中，沒有採取正確的戰術。與人作戰，如果你處於下風的話，那麼「保住自己」是當務之急。雖然弱者也可利用矛盾，利用強者之弱來獲得「生存之地」，但你也必須時時面對強者的壓力，因此「保住自己」也不是一件容易的事情。如果你面對的是實力高於自己的對手，絕不可為了擺脫壓力而主動求戰，這樣雖也可能獲勝，但勝也肯定是勝得淒慘。所以，在這種情況下，「不戰」才是上策，否則就好比是拿胳膊去和大腿較勁，結果只會是自取其辱。

弱者採取「不戰」的策略可以避免損失，可以避免失去「生存之地」，只有「生存」下去，才有可能在一段時間之後成為「強者」，在態勢上取得「勝利」。所以，「戰則敗，不戰則勝」這句話對「弱者」來說是很有作用的。

對與自己勢均力敵的對手，「戰」的結果很有可能是兩敗俱傷。所以，如果不是實屬無奈，最好不要去招惹和自己勢均力敵的對手。如果你的能力還不夠強大，就不要去跟對手一決高下。去拼，雖然也有可能獲得意外的成功，但這種可能性並不大，通常的結果是失敗了，折損了自己的壯志，也惹來嘲笑，在別人的眼中，你的失敗是「能力不足」、「自不量力」的結果。

所以，與對手勢力相差無幾時，不戰，自然可以降低損傷，可以和對手維持和諧的關係，也可以透過冷靜的觀察，掌握對方的動向，以便做到「知彼知己」，那時即使對手先出手，自己也可以鎮定迎戰。

若對手弱於自己，那麼就算他百般挑釁，也不要受騙上當，要堅決不與之一般見識，因為與能力低下甚至是跳樑小丑般的人物「交戰」，不僅會白白消耗自己的精力，還會令自己變得鄙俗起來，即使贏了也不光彩。

人在社會上生存，遇到競爭對手是在所難免的。在與對手競爭時，必須要去分析對手的實力，有必要在戰與不戰的問題上權衡再三。

有時候，你雖然贏了戰爭，結果卻輸了一生。放下你的好戰心理，你其實就已經勝了，因為，戰則敗，不戰則勝。

智慧品人生

人生如戰場。很多人都認為，要想成為強者，成為勝利者，就必須經過一番「激戰」或長時間的「持久戰」，一決高下。殊不知人生這場戰鬥遠比真槍實炮的戰鬥複雜多了，它沒有規則，只重結果；它的兵法千奇百怪，講究的就是智慧。

如果你總想著與別人一戰決高下，那麼你的人生將變得更加坎坷，也許在「戰爭」中，你勝利了，可是在為人中，你卻失敗了，你贏得了「戰爭」，卻失去了朋友。做人，一定要銘記：戰則敗，不戰則勝。

5．不必凡事都爭個明白

如果你老是抬槓，反駁，即使偶爾能獲勝，那也只是空洞的勝利，但是你將永遠得不到對方的好感。——班傑明．富蘭克林

心胸放寬，走自己的路

一個旅遊者在一次去義大利卡塔尼山旅遊時，發現了一塊墓碑，碑文記載了一個名叫托比的人是怎樣被老虎吃掉的事件。因為卡塔尼山就在柏拉圖遊歷和講學過的城堡附近，所以一些考古學家認為，這塊墓碑很可能是柏拉圖和他的學生們為托比立的。

碑文的大意是：一次，托比從雅典去敘拉古遊學，經過卡塔尼山時，看見了一隻老虎。進城後，他對人們說，卡塔尼山上有一隻老虎。可是城裡沒有人相信他，因為在卡塔尼山從來就沒人見過老虎。托比堅持說見到了老虎，並且是一隻非常雄壯的虎。可是無論他怎麼說，就是沒人相信他。最後，托比說，那我帶你們去看看，如果見到了真正的老虎，你們就能相信我了。

隨後，柏拉圖的幾個學生和他一起上山，但是轉遍山上的每一個角落，卻連老虎的一根汗毛都沒有發現。托比對天發誓，說他確實在這棵樹下見到了一隻老虎。於是他們就說，你的眼睛肯定被魔鬼蒙住了，你就不要再說見到老虎了，不然城堡裡的人會說，敘拉古來了一個撒謊的人。

托比很生氣，他回答道：「我怎麼可能是一個撒謊的人呢？我是真的見到了一隻老虎。」在接下來的日子裡，托比為了證明自己的誠實，逢人便說他沒有撒謊，他確實見到了老虎。可是說

到最後，人們不僅見了他就躲，還在背後叫他瘋子。

托比來敘拉古遊學，目的是想成為一個有學問的人，但現在他卻被認為是一個瘋子和撒謊者，這實在讓他不能忍受。為了證明自己確實見到了老虎，托比在到達敘拉古的第十天，買了獵槍來到卡塔尼山。他發誓要找到那隻老虎，並把那隻老虎打死，然後帶回敘拉古，他要讓全城的人看看，他並沒有說謊，他不是瘋子。

可是這一去，托比卻再也沒有回來。幾天後，人們在山中發現一堆破碎的衣服和托比的一隻腳。經城堡法官驗證，他是被一隻重量至少五百磅的老虎吃掉的。原來，托比在這座山上確實見過一隻老虎，他真的沒有撒謊，他也不是瘋子。可是，這種結局卻是值得人們深思的……

這段碑文究竟是不是柏拉圖寫的，考古學界也沒有確切的答案。其實，這段碑文是不是柏拉圖寫的並不重要，重要的是這段碑文給世人一個啟示：世界上有許多不幸，都是人們在急於向別人證明自己正確的過程中發生的。

那種急於證明的人，其實是在尋找一隻能把自己吃掉的老虎。與其找一隻吃掉自己的老虎，何不放下這些無謂的爭論呢？

在事實和真理面前，真正的智者都是走自己的路，任別人去評說。凡事都要爭個是非的做法並不可取，有時還會帶來麻煩或危害。當你被別人誤會或受到指責時，如果你偏要反覆解釋或還擊，結果就有可能愈描愈黑，將事情愈鬧愈大。這時，最好的解決方法就是，不妨把心胸放寬一些，不去理會，做自己該做的事。只有這樣，你人生的旅途才會充滿樂趣。

不爭不吵，實現雙贏

全世界的人對愛因斯坦都很尊敬，他是全球數學、物理方面無可爭議的專家，但這位創造相對論的人，竟然也吞下過一口氣。一次，他上車後，因為正思考著一個問題，買票時就數錯了錢，售票員大聲諷刺他：「你這麼大個人，會不會算數呀？」愛因斯坦一笑置之，不會就不會吧！

社交中，經常會由於偏見和誤解而使一方傷害另一方。假設一方耿耿於懷，那關係就無法融洽。但是若受傷害的一方有很大的度量，不念舊惡，就會使持偏見者的感情受到震動。

有位叫歐．哈里的愛爾蘭人，雖然他受的教育不多，可是很愛抬槓。他當過汽車推銷員，後來因為推銷不順利而求助於卡內基。聽了幾個簡單的問題後，卡內基發現他總是跟顧客爭辯。如果對方挑剔他的車子，他會立刻漲紅臉大聲強辯。歐．哈里也承認，雖然他在口頭上贏得了不少辯論，最終卻沒能贏得顧客。所以，卡內基就訓練歐．哈里提高自制能力，淡化他爭強好勝、凡事都爭個明白的心態。

後來，歐．哈里成了紐約懷德汽車公司的明星推銷員。他是怎麼成就大事的呢？用他自己的話說就是：「如果我現在走進顧客的辦公室，而對方說：『什麼？懷德卡車？不好。你就是送給我我也不要，我要的是何賽的卡車。』我會說：『老兄，何賽的車的確不錯，買他們的卡車絕對錯不了，何賽的車是優良產品。』這樣說他就無話可說了，沒有了抬槓的餘地。如果他說何賽的車子最好，我說沒錯，他只有住嘴了，他總不能在我同意他的看法後，還說一下午的何賽車子最好。

『那麼，接著我們不再談何賽，我開始介紹懷德車的優點。』如果是以前我聽到他說那樣的話，早就氣得臉一陣紅、一陣白了，我就會挑何賽車的毛病，而我愈挑剔別的車子的毛病，對方就愈說它好，爭辯愈是激烈，對方也就愈喜歡我競爭對手的產品；不爭，就能實現雙贏，這就是我成功的祕訣。」

為人處世，有些人總要事事爭個明白，大有不爭明白不甘休之勢。這種做法導致的結果往往是做人沒人緣，辦事辦不成。其實，發生小矛盾時先吞一口氣，不過分與人爭執，這樣不但容易獲得別人的好感，而且一些難辦的事往往因此變得容易。

智慧品人生

一個人的度量問題不是無關緊要的小問題。在緊要關頭，度量大小直接關係到事業的成敗。為一點小事斤斤計較，爭吵不休，既傷害感情，影響友誼，也無益於你成大事，結果常是兩敗。

因此，放下你的成見，不在社交場合為區區小利爭鬥，不為炫耀自己而去貶低他人，發揚一點忍讓精神，對許多事情進行「冷處理」，擺脫互相之間無原則的糾纏和沒必要的爭執，不計較一切無關大局的小事。有些事，只要你明白自己是對的就可以了，沒必要向別人證明。凡事爭個明白，到頭來受傷的是自己。如果做到了大度，你將會獲得社交場中眾人的青睞，你的事業也會如虎添翼，收到雙贏的效果。

6．放棄「理想主義」，構建和諧

理想對應著現實，理想主義是現實主義的對手。現實是殘酷的，一味地追求自己所謂的理想主義，就會不小心忽略了身邊原本屬於自己的美好事物。何不試著放棄「理想主義」，輕鬆自然地生活，接受別人也放下自己，建立和諧的人際關係！

放棄「理想主義」，贏得尊重

有這樣一個故事：某一天，有位老師讓班上每個同學各帶個大袋子到學校，並讓每個人去買一袋馬鈴薯，大家都以為老師發神經，或者猜想她對馬鈴薯有特殊的喜好。

第二天上課時，老師要同學們想想，如果有自己不願意原諒的人，就挑出一個馬鈴薯，並將這人的名字以及犯錯的日期都寫在上面，再把馬鈴薯放回袋子裡，這是這一週的作業。

第一天大家覺得還蠻好玩的，快放學時，很多同學的袋子裡已經有了好多個馬鈴薯，他們把彼此之間不開心的每件事都欣然地寫在馬鈴薯上放到袋子裡，並發誓不原諒這些「對不起」自己的人。

下課時老師說，在這一週的時間裡，大家不管到哪兒都必須帶著這個袋子。同學們扛著袋子到學校，回家，甚至和朋友外出時也不例外。一週後，袋子裡的馬鈴薯就很多了，有些人已經裝了近五十個馬鈴薯在裡面，真把大家壓垮了，巴不得這項作業趕快結束。一週過去了，老師問：「你們知道自己不肯原諒別人的結果了嗎？會有重量壓在肩膀上，你不肯原諒的人愈多，這個擔子就愈重，對這個重擔要怎麼辦呢？」老師問了很多人，但大家都回答不出來，這時老師說：「很簡單啊，放下來不就行了嗎？」

如今，人們生存在快節奏、高競爭的環境裡，有了前所未有的壓力，使得人際關係出現了敏感脆弱的新特點。而一個不能將同事朋友關係協調良好的人，是不可能出色地完成自己的工作，也不可能好好地享受生活。為什麼就不學著接受別人呢？這個世上根本就不存在完美的人。所以，與人相處，一定要把心態放平和，也許別人做了對你不利的事，可是誰敢保證自己就沒有做錯事的時候呢？這完全是因為你自己的「理想主義」在作怪，人不能要求事事都完美，當與別人有不同意見時，你要做的不是否定別人的觀點，而是試著去接受別人，因為並不是所有的事情都是以你的意志而轉移的，放棄你的「理想主義」，你會發現你的世界充滿了陽光。

「放下」在為人處世中有著巨大的功用，在現代社會中愈發突顯。放下對別人不滿和怨懟的同時，真正放下的是你自己的負擔，你在卸下重擔的過程中其實還贏得了尊重。放下你的「理想主義」將為你迎來一個和諧的人際網。

放棄「理想主義」，和諧交際

一個人要在社會上做到無往不勝，處理好人際關係是最基本也是最關鍵的一項。班傑明．富蘭克林說過：「成功的第一要素是懂得如何搞好人際關係。」人際交往中，有時發生矛盾，心存芥蒂，產生隔閡，個中情結，剪不斷，理還亂。社會是一個複雜的大家庭，如果過分地崇尚個人完美主義，就只能自己一個人孤孤單單，這樣的人生又有何意義？

想做一個受人歡迎的人，那就需要把「理想主義」澈底放棄。那麼如何才能放棄它呢？

首先，和不同性格的人交往。人的一生，要打交道的人很多。現代社會，各種資訊的交流增多了，人們的社會活動也頻繁了，由於工作、學習、生活的需要，每個人都不可避免地要與各種不同職業、不同思想的人交往，當然，這些人的性格是不同的。那麼，我們如何才能與不同性格的人友好地相處呢？每個人都應該要想到，既然別人與自己性格不同，那麼他在待人接物方面，自然有許多地方跟自己不一樣，當我們看到了別人與自己不同之處後，不要覺得這也不順眼，那也看不慣，更不要討厭和嫌棄別人。我們要承認差別，當你領悟到了這一點後，看到不同性格的人，就不會強求別人處處和自己一樣，就可以容忍相互間性格上的差別。兩個性格不同的人在一起，由於對比明顯，雙方可能會很快發現對方的長處和短處。發現了別人的短處之後，正確的態度是提醒別人，幫助他。世界上一切事物都不是盡善盡美的，每個人在思想上、性格上都會有缺點，我們對人不能求全責備。同時我們更要注意發現別人的長處和優點。這樣，大家不僅能夠和睦相處，相互間還會有所補益。把胸懷放寬一些，氣量放大一些。那麼，你會發現，與人相處其實是一件很容易的事，那些往日與人相處的煩惱也會一掃而空。

其次，有一顆寬容厚道的心。古語說「海納百川，有容乃大」，又說「水至清則無魚，人至清則無友」，無論是在生活中還是在工作和學習中，人們總是喜歡和那些寬容厚道的人交朋友，正所謂「寬則得眾」。與人相處，要少一點自以為是，多一點換位思考，就會少一些誤解和摩擦，多一些理解與和諧。要有人情味，要關心人、愛護人、尊重人、理解人。人與人相處，應當減少「火藥味」，增加人情味。如果處處只為自己著想，讓別人的步伐永遠跟著自己走的話，時間長了只會讓自己孤立。如果有了一個寬廣的交際網，那麼你不管做什麼事都會更加順暢。良好的人際關係，是一筆取之不盡、用之不竭的財富，它能讓你受用一生。

放棄「理想主義」，去接觸身邊形形色色不同的人，客觀地認識別人，真誠地接受別人。當今社會，處處都需要與人合作，沒有一個和諧的生活環境就無法在這個社會上生存。所以我們理當放棄「理想主義」，才能構建和諧。

智慧品人生

有著「理想主義」的人，比較敏感，通常不能理解、體會別人的心情，僅僅憑個人的好惡或價值觀來判斷事情的好壞，並希望別人也以同樣的角度和標準來處理問題，這樣的人通常一個人自居，沒有朋友分擔痛苦，也沒有朋友分享成功。然而，沒有朋友的人生是沒有意義的。記住，放棄「理想主義」，回歸自然，用一顆平常心對待每一個人，那麼，你會活得充實而快樂。

7．摒棄猜疑，迎來友誼

疑心病是友誼的毒藥。——培根

多疑：以小人之心，度君子之腹

現實生活中，很多人存在著猜疑、不信任他人的不良心態。猜疑是人性的弱點之一，一直以來，都是害人害己的禍根，是卑鄙靈魂的夥伴。一個人一旦掉進猜疑的陷阱裡，就會處處神經過敏，事事捕風捉影，對他人失去信任，對自己同樣心生疑竇，不僅損害正常的人際關係，還損害自己的身心健康。

有這樣一個故事：有一個人，丟失了一把斧頭，他懷疑是他的鄰居偷了。他留心觀察，覺得鄰居走路、說話、神態都像是偷了他的斧頭，他肯定鄰居就是小偷。不久，他在自家地裡找到了斧頭，再觀察鄰居，覺得他說話、走路、神態竟全然沒了小偷的樣子。為什麼這個找不到斧頭的人會對同一個人做出前後兩種截然不同的判斷呢？這足以說明猜疑是一種主觀的想像和推測，它不是以客觀事實為依據的。喜歡猜疑的人通常有以下幾個特徵：

一是沒有健康的心理。別人善意的、正常的言行他們常常會歪曲地去理解。例如別人讚揚他，他會懷疑是在挖苦、譏諷他；別人批評他，他會認為是攻擊他；別人不理他，他懷疑別人是在孤立他。過度猜疑使其心胸狹窄，無法容納別人對他的正確評價。

二是想法過於主觀。他們總是戴著「有色眼鏡」去觀察人，用別人的舉動來驗證而不是修正自己的看法，因而常常歪曲事實，對別人產生懷疑。

三是缺乏自信。他們總要以別人的評價來作為衡量自己言行的是非標準，很在乎別人的說長道短。當別人的態度不夠明朗時，他就要從不利於自己的方面去猜疑、懷疑，自尋煩惱。

猜疑的人喜歡聽信流言，不做調查分析，從而產生疑慮。任何時候，猜疑都是人際關係的大敵。它會破壞朋友間的友誼，疏遠同學間的關係，無端地挑起同學和朋友間的矛盾糾紛，也會影響自己的情緒。生活在猜疑中的人，總是鬱鬱寡歡，缺少內心的寧靜。如《紅樓夢》中的林黛玉就是個疑心病很重的人。本來她的身體就弱，再加上常常在猜疑中度日，使自己情緒沮喪，常暗自垂淚，結果是身心俱損，早年夭折。

日常生活中，常會遇到一些疑心很重的人，他們整天疑心重重、無中生有，認為人人都不可信、不可交。如果看見幾個人背著他講話，就懷疑是在講他的壞話；別人對他態度冷淡一些，又會覺得別人對自己有了看法等，他們總覺得別人在背後道自己是非，或給自己使壞。喜歡猜疑的人總是特別留心外界和別人對自己的態度，有時別人脫口而出的一句話，他也會琢磨半天，努力挑出背後的涵義，這樣的心態使他不能輕鬆自然地與人交往，久而久之不僅自己心情不好，也影響人際關係。

總是對別人無端地猜疑，說是無端，實則有端，猜疑源於褊狹的心性。「以小人之心，度君子之腹」，疑心太重的人，總怕別人爭奪自己的所愛、所求、所得，怕別人損害自己的利益，終日疑神疑鬼，顧慮重重。如果你總是對別人不放心，那麼別人還能對你堅信不疑嗎？雖然說防人之心不可無，但是如果時時提防、處處疑心，永遠都不會交到知心朋友。

無端猜疑，害己殃人

「宋有富人，天雨牆壞。其子曰：『不築，必將有盜。』其鄰人之父亦云。暮而果大亡其財，其家甚智其子，而疑鄰人之父。」這就是眾所周知的「智子疑鄰」的故事。故事大意是：宋國有一個富人，有一天下大雨，淋壞了他家的牆。富人的兒子說：「要是不修築，一定會有盜賊來偷東西。」鄰居家的老先生也這麼認為。到了晚上，富人家果然遺失了很多東西。結果，那個富人認為自己的兒子聰明，卻懷疑是鄰居家的老先生偷了他們家的東西。由此可見，猜疑讓善意被曲解為惡意，讓好心被認為歹心，從而扭曲了事情的本來面目。

猜疑心重的人總是無中生有地起疑心，對人對事不放心，小心過甚。人有了猜疑之心，對待朋友、看待事物，就不能從客觀實際出發，進行合乎邏輯的判斷、推理，而是憑藉一點表面現象，主觀臆斷，隨意誇大，進而扭曲事物，得出一個不切實際的結論，或者先入為主，先設框框，然後察言觀色；甚至無中生有，把幻覺當真，把一些毫無關係的現象也當做事實材料，硬拿來做證據。

猜疑使人際交往中本來很小的疙瘩發展成長期的不和。自古以來，不知有多少人因為猜疑疏遠了朋友，中斷了友誼，甚至斷送江山。猜疑不僅害己還殃人。《三國演義》中有這樣一段描寫：曹操刺殺董卓敗露後，與陳宮一起逃至呂伯奢家。曹呂兩家是世交。呂伯奢一見曹操到來，本想殺一頭豬款待他，可是曹操因聽到磨刀之聲，又聽說要「縛而殺之」，便大起疑心，以為要殺自己，於是不問青紅皂白，拔劍誤殺無辜。由猜疑導致的悲劇數不勝數。只有摒棄它，才能獲得朋友，才能迎來友好的人際關係。那麼，如何才能摒棄它呢？

喜歡猜疑的人，首先要開闊自己的心胸，加強自身的修養，培養開朗、豁達、大度的性格。需要澄清的事實，誠懇與別人交換意見；對雞毛蒜皮的小事，就不要計較。不必在乎別人的態度與說法，「未做虧心事，不怕鬼敲門」，「走自己的路，任別人去說吧」。這些話都是鼓勵人們要心胸坦蕩、豁達開朗的。人的一生，受他人的議論是在所難免的，只要時時檢點自己的行為，相信別人也不會跟自己過不去。相反，如果一切都要按別人的意志去做，自己又該怎麼活下去？對似是而非的流言，不要偏聽偏信，要用理智分析對待，靜觀事情的變化，不能感情用事。有些人一聽到流言，就暴跳如雷，說風就是雨，迫不及待地找上門去爭辯。最終卻因為缺乏調查研究，很有可能找錯了證據，反倒使自己陷入尷尬被動的局面。

過度的猜疑是自己折磨自己，「杯弓蛇影」的典故就是很好的例證。弓影投映在盛酒的杯中，好像小蛇在游動，飲者以為真的把「蛇」吞下去了，於是越想越噁心，結果害得自己重病一場。這就是所謂的天下本無事，庸人自擾之。一個人如果疑心太重，到頭來只有自討苦吃。

智慧品人生

許多人都有猜疑別人的時候，有時疑心是人在社會生活中保護自己和預防性保護自己的正常心理活動。但疑心的程度有輕重，過於疑心和過於敏感就是不正常的了。人生在世，你總要與別人打交道，如果你總是充滿了猜疑，那你不可能在這個世界上安定地生存，甚至會被淘汰。生活中的欺騙畢竟是少數，更多的是美好，你多信任一個人，就多一個朋友，多一道交際的橋樑，也多一點成功的籌碼。

8．讓他一牆又何妨

千里告狀為一牆，讓他一牆又何妨。萬里長城今猶在，何處去找秦始皇。──鄭板橋

吃虧是福

乾隆年間，在外地做官的鄭板橋忽然收到弟弟鄭墨的一封信。原來，在老家務農的弟弟想請他出面到當地縣令那裡為自己的案子說情，這讓他很為難。但是鄭板橋知道，弟弟並不是好惹是非的人，這次明顯是受人欺負，不得已而求之。

原來，鄭家與鄰居的房屋共用一牆。鄭家想重修舊屋，但鄰居卻出來干預，說那堵牆是他們祖上傳下來的，鄭家無權拆掉。其實房契上寫得很清楚，那牆是鄭家的，是鄰居借來蓋的房子。但這官司打到縣裡，尚無結果，雙方都難免求人說情。這時，鄭墨自然就想起了做官的哥哥，想到有契約在，再加上哥哥出面說情，這官司肯定贏定了。然而，讓鄭墨沒有想到的是，哥哥的回信是勸他息事寧人，寄了一個條幅給弟弟，上書「吃虧是福」四個大字。同時，還附帶了一首打油詩：

千里告狀為一牆，讓他一牆又何妨？

萬里長城今猶在，何處去找秦始皇？

接到信後，鄭墨感到非常慚愧，他當即撤訴，並向鄰居表示不再相爭。此時，鄰居也被鄭氏

兄弟的一片至誠感動，他們表示也不願再鬧下去，於是兩家又重歸於好，仍然共用一牆。

俗話說「遠親不如近鄰」，「鄰里好，賽金寶」，鄰里之間唇齒相依，經常接觸，只有團結互助，相互禮讓，才會家家興旺，事業發達；「鄰里吵，不得了」，如果與鄰為敵，互不相讓，甚至大動干戈，只會導致兩敗俱傷。「讓他一牆」不僅可以顯示出自己的寬宏大量，又可以獲得心靈上的平靜和道義上的支援，還能使得兩家重修舊好，實現了雙贏。何不「讓他一牆」，放下成見，和平相處呢？

《道德經》上說：「天地所以能長久，就是因為它不為自己而活著。」《聖經》上也說：「在一切事上使眾人喜歡，不求我自己的利益，只求大眾的利益，為使他們得救。」生活中，難免有利益衝突，摩擦紛爭。為人處世，「為人處，即是為己處」。如今我們強調的「我為人人，人人為我」也是同樣的道理。如果沒有違背做人原則，「讓他一牆」又何妨呢？

「讓他一牆」是美德

鄰里之間如果互相謙讓，建立友好和睦的鄰里關係，不僅是心靈美的體現，也是美德。只要互相謙讓一點，我們的生活就一定會更加和諧美好，我們的心情就一定會更加舒暢。

住在樓下的熊大嫌住在樓上的阿吠家裡噪音大，雙方交涉時沒有掌握好分寸，進而使矛盾擴大，鄰里關係十分緊張，相互對峙了五年之久，管委會出面調解後效果也不理想。這時，來探親的阿吠媽媽主動找熊大家人，瞭解到矛盾背後的具體情況。原來，阿吠的孩子不懂事，時常弄出很大的聲響，而樓下熊大的爸爸身體又不太好，非常懼怕噪音。弄清楚原委後，阿吠媽媽回家責罵了阿吠，教育了小孫子，還帶著小孫子到樓下賠禮道歉，從那以後，阿吠對孩子看管得更嚴格，盡量不製造噪音。樓下的熊大看到阿吠一家的誠意後也表示原諒，也不再天天扯著嗓子吵架，兩家人的關係也恢復了正常。

東漢時期，有個叫羅明的人，一天見鄰居的牛吃了他農地上的大片麥苗，他既不尋機報復，也不說長道短，而是到山上割了一大捆牛草悄悄地放到這位鄰居的門前。等鄰居開門看到牛草時，什麼都明白了，感到十分內疚。從那以後，鄰家的牛再也未闖入羅明的莊稼地，而兩家的感情也更深了。

其實，在我們身邊，類似「一牆之爭」的事情也是常有的。就拿夫妻離異分配財產來說，有人為多得一點利益，隱匿財產、偽造證據、大打出手，鬧得沸沸揚揚、劍拔弩張。其實，就算能多得到些利益，又能彌補多少情感上、心靈上的損失，與其苦苦糾纏，何不「讓他一牆」從頭再來？

再如，擁有一份平常的工作，心裡踏實、愉悅多好。但一些人總嫌錢少、權小、位卑而心理失衡。於是，與人爭、伸手要、上下跑。倘若沒能如願，心中就堵了一面自我築起的牆，整日心煩意亂，少有輕鬆愉快。與其這樣，何不「讓出」這「一牆」呢？

「讓他一牆」不僅是一種胸懷，更是一種修養。當你與人發生矛盾時，要學會主動相讓。讓，不等於無能，不等於低人一等。讓，體現的是一種寬容的胸懷，大度的風格，高尚的情操。「讓」正是人與人之間的黏合劑。所謂，進一步「狹路相逢」，退一步「海闊天空」。「讓他一牆」，放下爭吵，得到和諧；「讓他一牆」，放下煩惱，得到快樂。

智慧品人生

「讓他一牆」的最終目的，就是讓你不長期生活在憂心、堵心與煩心之中。諸多事情不同，但道理相同、相通，很多時候，為人處世，只要你肯在某些問題上「讓他一牆」，你就會生活在輕鬆、滿足和快樂之中。放下你的不滿，放下你的成見，你就會發現愈放下得愈多。

9．得饒人處且饒人

沉舟側畔千帆過，病樹前頭萬木春。奪命長陽封喉劍，得饒人處且饒人。——唐．釋不依

退一步天地寬，讓一招前途廣

古時，蔡州褒信縣有一個道人，他的棋藝精湛。每逢下棋，總是讓人先下，即使這樣，他也從來沒輸過。道士自鳴得意，作詩云：「爛柯真訣妙通神，一局曾經幾度春。自出洞來無敵手，得饒人處且饒人。」當時，「饒人」本指讓人一步棋，發展到如今，「得饒人處且饒人」已成為表示盡量對人寬容忍讓的一句話。人生短暫，也就幾十年的工夫，多少有意義的事等待我們去追求，與其在不斷的「討個說法」中浪費時間，倒不如心存一份寬宏，「得理之時且饒人」，予人一份寬容也是予己的一種仁厚。

如果你是一位得理不饒人的人，那麼你在與別人交談時，一定要學會克制自己，不能總想在嘴巴上占盡別人的便宜，否則時間長了，朋友就會逐漸疏遠你。在日常生活、工作中，有些人總是為一些小事爭得面紅耳赤，這樣的人，在社交場上永遠不會受人歡迎。

一次，一輛卡車途經某村莊時，一個中年農婦突然小跑著橫穿馬路，大卡車來了個急剎車，差點撞上農婦。這讓農婦火冒三丈，衝到駕駛座前對司機沒完地罵。

司機也沒說話，他只是點燃一支菸，慢慢地吸著，聽農婦沒完沒了的大罵。等農婦罵累了，這時司機才慢慢地說：「如果我剛才剎車晚了，你被軋死了，這會兒你還能罵嗎？」農婦一時語塞，無話可說了。

人不講理，是一個缺點；但人若硬講理，是一個盲點。其實，不管什麼時候，理直氣「和」都比理直氣「壯」更能說服、改變他人。

在日常生活中，一定要做到得饒人處且饒人，留一點餘地給得罪你的人，給對方一個臺階下。否則，不僅無法制服眼前的這個「敵人」，還會讓更多的朋友疏遠你。

人海茫茫，但卻常會「後會有期」，你今天得理不饒人，怎知他日二人不狹路相逢？若那時他勢旺你勢弱，吃虧的可能就只有你了。所以，「得理且饒人」，放下你的仇恨，也是為自己留條後路！得饒人處且饒人，你為別人留後路的同時，也就為自己鋪了一條通向和諧人際關係的陽光大道。

得饒人處且饒人就是放下

在生活中，每個人都會有難堪的時候、做錯事的時候、有求於人的時候，如果這時你處在有理的一方、得勢的一方、管束人和裁決者的一方，你會怎樣做呢？尤其是他們的那些錯誤或什麼事情牽涉到你的利益時，甚至他們與你有著深仇大恨時，你會怎樣做呢？你是有些得意，刻薄刁難？還是給人家一個臺階，放人家過關，不為難對方，就是仇人也放他一馬呢？不同的人可能有不同的做法。一般來說，心胸狹窄的人總是喜歡為難別人，他們不願意幫助別人，也不寬容或原諒別人。有時他們甚至會乘人之危，來讓自己開心，雞蛋裡挑骨頭，抓住別人把柄不放，洋洋自得。如果和他們有著深仇大恨，那只能是吃不完兜著走了。

其實，將心比心，寬容別人，不為難別人是一種美德。但有些人並不注重這種美德。這種美德能夠感化人，提升人們之間的互助親善關係，使社會形成一種寬厚、達觀的向善風氣，小人就不會產生，陰暗的東西就會少一些，當自己有了不幸的時候，也容易得到他人的幫助。

理理人年輕的時候很好勝。在一次宴會上，大家有說有笑，有人提議每個人講一個笑話活躍氣氛。於是大家一個接一個講了起來，氣氛很活躍，全場人都很愉快。最後，輪到理理人旁邊的一位先生講了。他講了一個幽默故事，在結尾還引用了一句話，大概意思是說：此地無銀三百兩，為了證明這句話，那位先生還特意提到這是《聖經》上說的。

理理人知道這句話不是《聖經》裡說的，而是在莎士比亞的書中提到的，於是他糾正那位先生道：「這句話是出自莎士比亞的書。」

那位先生聽後覺得自己面子上掛不住，就出言反譏道：「什麼？出自莎士比亞的書？不可能，絕不可能！先生你一定弄錯了，我前幾天才特意翻了那一段，我敢打賭，我說的是正確的，一定是出自《聖經》。」

理理人正想反駁，忽然想起自己的老友詹姆士是研究莎士比亞的專家，而他正好也在場，就轉向他說：「詹姆士，你說說，這句話是不是莎士比亞說的？」

詹姆士卻盯著他說：「理理人，是你搞錯了，莎士比亞的著作上沒有這句話，這位先生是正確的，《聖經》上確實有這句話。」隨即在桌子下踢了理理人一腳。

在回家的路上，理理人向詹姆士抱怨：「你明知那句話本來就是出自莎士比亞的作品，卻還幫著他說話，真不夠意思，還讓我向他道歉，真是黑白不分了。」

詹姆士卻笑了：「莎士比亞的書上有這句話。可是，那個人也許是一位有名的學者，為什麼我們要去證明他錯，讓他下不了臺呢？記住：永遠不要和別人正面衝突。」

「得理不饒人」也許是你的權利。但不妨「得理且饒人」，給自己留條退路，也讓對方有個臺階下，為對方留點面子和立足之地，這樣，等到對方得理時，就會同樣也給你留點面子和立足之地。要知道「得饒人處不饒人」，事事求勝不僅容易引起別人的忌妒，有時還會影響你與他人的關係，所以「得饒人處且饒人」，在小事上求敗，從而在大事中求勝。

智慧品人生

「得理饒人」看似淡然，其實真要做到還真不容易。有「得理」之說，那就說明之前受到的待遇是不公正的，甚至是受到了屈辱。如此的狀況便是在心底烙了傷痕，或多或少都會產生一種

「憤憤不平」的情緒，而這種情緒往往會在「得理」之後，變得振振有詞。可是，轉念一想，事情已得以澄清，公道已在人心，執著於一些形式上的公正又有何意義？當對方「無理」時，必會自知理虧，而你在「理」已明之下，何不放他一條生路，他會心存感激，來日自當圖報，就算不報，也可能不再與你為敵。

10．放下的處世之道

處世中待人接物的原則，就是看破、放下。放下是最重要的，放下自己的成見，放下自己的妄想和執著，這是從根本放下。

為人處世，放下是一種智慧

很久以前，有一個擁有萬貫家財卻極其吝嗇的老財主，他雖然很有錢，卻每天都很煩惱鬱悶。於是，他決定外出去尋找快樂。

途中，他看到一堆馬糞，如獲至寶，本想把它們鏟到自己的田地裡做肥料，可是一看路邊的地不是自己的田，便用衣裳下襟兜著馬糞往前走。時值盛夏，老財主兜著沉重的馬糞並伴著其散發出的強烈臭氣，幾乎把他熏倒，但他仍然踉踉蹌蹌兜著馬糞往前走。

走了沒多遠看到一個路人迎面而來，老財主便虔誠地向其討教快樂的祕訣。那人被馬糞熏得直想吐，一邊捂著鼻子一邊打著手勢說：「放下！放下！」然後匆匆地離開了。

放下？放下什麼呢？老財主不解。低頭一看才發現自己還兜著馬糞，便將馬糞倒在路邊的田裡，頓時感到如釋重負，心中湧出一股快意。同時也讓他有所悟：這不就是快樂嗎？還到哪裡去找？他開始回想自己大半生省吃儉用，積累財產，如牛負軛，罪沒少受，還活得十分沉重，沒有一點意思。由於對佃戶特別苛刻，使得眾人對他怨聲載道，這何苦呢？

自此之後，老財主便開始仗義疏財，將田分給窮苦人家種，災荒年月還開倉濟貧。由於廣結善緣，做善事，滋潤了他的心靈，他變得快樂起來。

人們身處滾滾紅塵中，經歷得多，也會想得多，久而久之在與人相處之時考慮得也多。太多的障礙、名韁利鎖的羈絆，把物質利益、名譽地位看得太重，心懷不開，常被這些自尋的煩惱壓得喘不過氣來，不懂得將那些惱人的名利放下，只會像那個守財奴兜著馬糞一樣，臭味熏得自己都受不了卻依然把它當寶，怎麼開心，怎麼愜意，怎麼輕鬆，怎麼瀟灑？

人生在世，每一個人都可能有像那個老財主一樣愚昧的時候。要想在社會上成功地為人處世，放下就是最好的選擇。放下被繃緊的戒心，放下諸多的猜忌，放下由於社會的不公而形成的自私心理，放下生活中羈絆自己前進的阻力，你才能敞開心扉，做自在的自己，處事時才不會束手束腳，這就是放下的處世之道，要成功，要做處世的智者，放下，讓你的人生不再打折。

人在紅塵，身不由己，每個人都希望自己擁有而不願放下。經商的人，得到了千萬，夢想著億萬；從政的人，當上了市長，還想當總統；賭博的人，贏了這一次，還想贏下一次，結果是越來越放不下。為人處世中最要不得的就是放不下，放不下彼此間的摩擦，放不下心中的恩怨情仇，要想在為人處世中有個正確的取捨就只能是空談。

要達到高遠的目標，必須放下負擔，輕裝前行，在記得某些東西時，心甘情願放下某些東西。工作上，放下成績，記得缺點和不足；生活上，放下金錢和欲望，記得勤儉和樸素；情感上，放下怨恨和忌妒，記得與人為善，豁達寬容；忘記你對別人的恩惠，記得別人對你的幫助……在為人處世中，放不下那些負擔、缺憾、怨恨……只會讓自己站在人生的低谷中，呼吸不到高峰上的清新空氣。

學會放下，是積極的人生態度。有些人能夠成功，有些人卻屢屢失敗，關鍵就在於能否放下。只有放下那些影響自己廣結人緣、向前直行的煩惱，你才能在人生的路上越走越遠。

人生在世最常見的就是被一些微不足道、本可迅速忘掉卻一直耿耿於懷的小事所擾，因而失去理智，讓自己被無聊的瑣事糾纏，白白消耗了許多寶貴的光陰。時過境遷，還有誰會對這些事感興趣呢？放下，是人生的必修課，是人生各個階段必須面對的挑戰，更是人們在社會生活中應該掌握的生存藝術。

智慧品人生

快樂與否其實就在於放下與不放下之間的平衡。做人，至少不該放下正直；處世，至少不該放下寬廣的胸懷；做事，至少不該放下厚道。責任不該放下，良知不能放下，情義不能放下。不該放下的無論如何不要放下，否則你就會播下不幸的種子。該放下的自當平靜從容地放下，比如，過分的欲望、炫耀張揚、胡亂猜忌別人和陰暗的嫉妒等。放不下這些，就是在無端地折磨自己，自尋煩惱，傷己的同時還在傷人，並使自己成為最可憐和可恨的人。

第二章

調節心理，放下包袱——愈放下愈輕鬆

該放下的時候要放下，你才能夠騰出手來，抓住真正屬於你的快樂和幸福。

人的一生欲望無窮，貪婪、妒忌、自私、怨恨，如果把所有一切都放在心裡，扛在肩上，那麼你的心靈就會落滿塵埃而茫然無所適從，只有把這些痛苦的情緒都清空，黯然的心靈才會變得光亮，心情才能得到釋放。

放下心中的沉重負擔，用寬容的心看待世界，生活才會更加輕鬆美好！

1．凡事尋常看，排壓「心」舒暢

二十五圈，倒著數，跑一圈就少一圈，離目標愈來愈近，有一種成就感。二十五圈，順著數，跑一圈就多一圈，離目標愈來愈近，還是有一種成就感。——《愈放下愈快樂》

累與不累，取決於你的心態

當你在孩子與工作之間團團轉時，心中總有個夢想：等有那麼一天，銀行裡有幾十億存款，一疊知名企業集團股票，一棟依山傍水的透天別墅，一部豪華轎車，然後辭掉工作，不必再受老闆的氣，不必匆忙趕打卡，從此遊山玩水，逍遙自在。

但是，當一切都實現時，眼前沉重的壓力就會消逝無蹤，過著無憂無慮的日子嗎？也許到時候你又會為這樣的壓力而煩惱：擔心孩子被綁架、台幣貶值、股票下跌、房地產不景氣等等。

壓力在人們的生活中永遠都不會消失。快節奏的社會，來自各方面的壓力在不斷增大，漫無邊際地忙碌，身心像散了架一樣的疲憊，看不到太陽每天都是新的，也感覺不到燦爛的夕陽晚霞，有的只是沉重的腳步，痛苦的長歎，似乎整個世界沒有片瓦可以避雨。

始終搞不懂是我們改變了世界還是世界改變了我們，生活沒有了鮮活的色彩，少了許多天真的樂趣，一切就像鐘錶一樣在枯燥和無奈中運轉。生活就像設定好的程式，機械、麻木而又無奈，為了生存將身心和健康透支。

這時，你需要轉換一個角度，改變一下思維模式，到青山綠水間呼吸一下甘甜清新的空氣，登山到頂與藍天白雲傾訴一下心中的細語，採一片生機盎然的綠葉，來裝點自己枯萎的心靈，為荒蕪的內心世界增添一絲清新的氣息。

在生活和工作中有壓力也許並不是一件壞事，只要用積極的心態來面對，便不會感到那麼累。而恐懼、逃避和悲觀的情緒，只會暫時地將困難和壓力無限地放大，成為你心中一個無形的、無法逾越的大山，進而毀掉你的信心和勇氣。

擁有和保持積極樂觀的心態，給自己一個天真爛漫的理由，讓壓力成為枯燥生活中的一劑調味品，讓壓力成為寂寥生活中的一次調侃，讓壓力成為你成功路上一段優美的插曲，讓壓力成為你對生活感恩的載體，為你的人生道路增添一筆財富。推掉所有的應酬，走出心靈虛無的狹隘和扭曲，融進多彩的世界，營造一個無我的境界。

樹木，放下了枯黃的落葉，才長出一個美麗的春天。天空，放下灰色的雲翳，才有一個燦爛的晴空。只有該放下時放下，你才能夠騰出手來，抓住真正屬於你的快樂和幸福。凡事尋常看，及時地排「壓」，你就有一個快樂的人生。

抓住快樂的理由，給自己減壓

李剛是一位大學老師，有點不安於現狀，就請假到外面去轉了轉。因為他去的地方比較遠，臨時因一件意外的事情，結果回來晚了。系裡的主任本來就對不安分的李剛有看法，此時終於抓到把柄，給了他一個比較嚴厲的處分。

對於李剛來說，真可謂是「屋漏偏逢連夜雨，船破又遇頂頭風」。處分沒下來多久，女朋友又離他而去。生活的壓力突然把他逼到險峻的懸崖邊。

但是苦難並沒有把他壓倒，他告訴自己：我的一生不能就這樣過下去，這些苦難對我來說也許是個機會，教師的工作並不是我心中理想的職業，我要做自己喜歡的事。後來，他辭職了，辭職後反而感覺比以前更輕鬆，更快樂了。很快他就開始做起了生意，十年後，他已身家破億，成了真正的財富英雄。

其實，所有的坎坷都是路，所有的痛苦都是另一種幸福。生活也是需要勇氣的，每個人都有被生活逼到懸崖邊的時刻，也許你勇敢地縱身一跳，就能跳成一掛雄奇壯觀的瀑布。

心靈的房間，如果長時間不打掃的話就會落滿灰塵。被灰塵蒙蔽的心，也會變得灰色而迷茫。每個人每天都要經歷很多事情，開心的，不開心的，都會在心裡安家落戶。

當心裡的事情愈來愈多時，就會變得雜亂無序，然後心也跟著亂起來。痛苦的情緒和不愉快的記憶，如果充斥在心裡，就會使人萎靡不振。因此，把心裡的灰塵及時地掃完，才能夠使黯然的心變得明亮；把事情理清楚，才能告別煩亂；把一些無謂的痛苦扔掉，心情才能舒暢，快樂自然也就有了更多更大的空間。

人的一生，不僅快樂需要理由，不快樂也需要理由。人之所以覺得難受，是因為人們總是緊緊抓住不快樂的理由，無視快樂的理由。如同一切事物總有正反兩面，每個人都有自己快樂的理由，也有自己不快樂的理由。最關鍵的是，你是否主動去尋找快樂的理由。

有的人工作很輕鬆、自由，壓力也小，但薪水有點低。如果他想得到快樂，眼睛就不能一直盯著薪水低不放，而應該多想想——自己多自在啊！反過來，有的人薪水很高，可是壓力很大，不自由。如果他想得到快樂，眼睛就不能一直盯著工作壓力大不放，而應該多想想——自己的薪水待遇是大多數人所沒有的。生活是公平的，是不可能把什麼都給你的。緊緊抓住不快樂的理由，無視快樂的理由，你的心情怎麼會舒暢？

如果你覺得壓力過於沉重，實在承受不了時，就要及時給自己排壓。先做幾個深呼吸，讓自己稍微平靜一下。不管你目前情況如何，都讓自己笑一笑，不管假笑還是苦笑，讓自己看看微笑中的自己。活動一下，因為身心是一體的，讓身體在運動中得到放鬆，心情也會隨之產生相同的效果。如果你能讓自己養成運動的習慣，那麼你的抗壓指數就會大幅地提升。

有壓力，常常是因為同時面對很多事情，而自己又深陷其中。此時，你可以一次只想一件事，一次只處理一件事。有時事情無法處理，常常是因為自己慌了神，不如靜一靜，想一想究竟發生了什麼事，有哪些解決問題的方法，這樣一來，你的心就會靜下來，慢慢地你就會發現其實並沒有什麼大不了的事，任何事情都有解決的辦法，所有的壓力都是自己強加給自己的。

其實，有壓力並不可怕，重要的是如何正確對待它。雖然壓力無法減少，但你可以採取相應的措施緩解壓力對自己造成的負面影響。只要你能正確處理各種壓力，你的生活就會輕鬆許多，工作也會更開心。

智慧品人生

每個人，都是哭著來到這個世界的，人們面臨的首要問題就是生存。要生存，必然會有競爭；有競爭，必然有壓力。所以，只要你選擇活著，就註定要承受生存所帶來的各種各樣的壓力，如升學、就業、升職等，不勝枚舉，不一而足。

只有勇於正視壓力，學會承受壓力，善於排除壓力，做到凡事都平常看待，你才能在日趨激烈乃至殘酷的生存競爭中，永遠立於不敗之地。

2．貪婪，讓你失去快樂

沒有人願意做貪婪的奴隸，但很多人都在不知不覺中深陷泥沼。因此我們要學會放下，做自己的主人。

遠離貪婪，知足者常樂

在生命的旅程中，人們之所以感覺不到幸福，是因為他們想要得到的東西太多，有許多東西都放不下，貪婪就是其中之一。人們不遺餘力地背負著，隨著時光的流逝愈加沉重，我們的脊背因此而彎曲，就連呼吸也變得困難。

因為背負得太久，以至於讓它深深融入自己的血液裡，成為與自己一同呼吸、共同命運、賴以生存的精神支柱了。

有這樣一則故事：戰爭結束後，一位農夫和一位商人在街上尋找財物。這時，他們發現了一大堆沒燒焦的羊毛，於是，兩個人就各自分了一半，捆在自己的背上。

回家的途中，他們又發現了一些布匹，農夫將身上沉重的羊毛扔掉，選了些自己扛得動的較好的布匹；而貪婪的商人將農夫所丟下的羊毛和剩餘的布匹統統撿起來，重負讓他氣喘吁吁、行動緩慢。

走了不遠，他們又發現了一些銀質的餐具，於是，農夫將布匹扔掉，撿了些較好的銀器背上，而商人卻因沉重的羊毛和布匹壓得他無法彎腰而作罷。

這時，突然下起了大雨，飢寒交迫的商人身上的羊毛和布匹被雨水淋濕了，他踉蹌地摔倒在泥濘當中；而農夫卻一身輕鬆地回到了家。他變賣了銀質餐具，生活富足起來。

貪婪是一種頑疾，人很容易就成了它的奴隸，變得愈來愈貪婪。人的欲念是無止境的，當得到不少時，仍指望得到更多。一個貪求厚利、永不知足的人，其實是在愚弄自己。貪婪是一切罪惡之源，它能讓人忘卻一切，甚至是自己的人格。貪婪能讓人喪失理智，做出愚昧不堪的行為。

大千世界，有著太多的誘惑，如果你什麼都想要，肯定會被累死，遠離貪婪，學會適時放下，你會輕鬆快樂一生。

適可而止莫貪圖

有這樣一個小孩，人們都說他太傻，因為如果有人同時給他五元和十元的硬幣，他總是選擇五元的，不要十元的。有個人不相信，就拿出兩個硬幣，一個十元，一個五元，叫那個小孩任選其中一個，結果那個小孩真的挑了五元的硬幣。那個人覺得很奇怪，就問那個孩子：「難道你不會分辨硬幣的幣值嗎？」

這時孩子低聲說：「如果我選擇了十元，下次你就不會跟我玩這種遊戲了！」

這個孩子的聰明之處其實就在這裡。的確如此，如果他選擇了十元，就沒有人願意繼續跟他玩下去了，而他得到的，也只有十元！但他拿五元，把自己裝成傻子，於是傻子當得愈久，他就拿的愈多，最終他得到的，將是十元的若干倍！

所以，在現實生活中，我們完全可以向這個「傻小孩」看齊——不要十元，而取五元！

但是如今多數的人，都有著一種不拿白不拿，不吃白不吃的貪婪！殊不知你的貪不僅損害了他人的利益，還會使他人對你的貪婪反感。也許他人可以容忍你的行為，不在乎你的貪，但如果你懂得適可而止，大家會對你有更好的印象與評價，願意延續和你的關係。

可歎的是，現代社會到處都充斥著這些現象：人際關係一次用完，做生意一次賺足！以為自己這樣做是聰明，殊不知這都是在斷自己的路！放下這種聰明，如果你能一直擁有那個小孩一樣的「傻」，這會讓你得到更多的回報。十個五元多，還是一個十元多？這需要每個人在自己的心裡衡量一下！

有一隻猴子，特別喜歡偷吃農民的糧食。於是當地的農民發明了一種捕捉猴子的巧妙方法：他們把一個葫蘆形的細頸瓶子固定好，繫在大樹上，並在瓶子中放入猴子最愛吃的花生，然後就靜候佳音。

天黑了，猴子來到樹下，見到瓶中的花生十分高興，就把手伸進瓶子去抓花生。這瓶子的妙處就在於猴子的手剛剛好能夠伸進去，等牠抓一把花生時，手卻怎麼也拉不出來了。

貪婪的猴子絕不可能放下已到手的花生，就這樣，牠的手也就一直抽不出來，牠就死死地守在瓶子旁邊。一直到第二天早晨，農民把牠抓住的時候，牠依然不肯放開手，直到把那些花生放進嘴裡才肯甘休。

也許很多人都會認為，那種事只有愚蠢的猴子才會做，聰明的人類怎麼會上當，如此貪婪，甚至連命都不要呢？是的，聰明的人是不會為一把花生冒險的，但是，如果把花生換成巨額金錢呢？相信，如同猴子一樣上當吃虧、貪婪的人還是很多的。

人活著就會有欲望，有欲望才會有進步。但是欲望過於強烈，就是貪婪。哲學的觀點認為：凡事都有正反兩個方面，這兩個方面在一定的條件下是可以相互轉化的，貪婪也不例外。有時它是阻礙事物前進與發展的絆腳石，有時它卻成為人類進步、社會前行的原動力。但是如果貪得無厭，貪婪到極限，勢必將走向滅亡。

智慧品人生

永無止境的欲望不停地誘惑著人們追求物欲的最高享受，然而過度地追逐利益往往會使人迷失生活的方向。因此，凡事適可而止，才能把握好自己的人生方向。什麼樣的人生才是快樂的？放下沉重的包袱，不為貪婪所誘惑，擇精而擔，量力而行。這樣的人生，自然輕鬆又快樂。

3．放下憂慮，迎來快樂

> 憂慮是人類的天敵，它剝奪人的快樂，使人遭受失敗，或陷入自卑的境地。憂慮還使人缺乏生命的活力，破壞人的志向，瓦解人的勇氣，使人缺乏創造力。從古到今，憂慮毀壞了無數人的事業。——《是與非得與失》

別讓失敗的憂慮動搖你的自信

隨著生活節奏的加快，競爭的日益激烈，使人更加容易緊張和煩躁，以至於有些人感嘆身心疲憊，人生絕望。其實，這種後果都是因為人們的患得患失心理造成的，生活中有太多的人在沒有得到的時候，擔心得不到，得到之後又害怕會失去，他們的心就像鐘擺一樣在得失之間搖來擺去，非常痛苦。

英國哲學家邱斯頓曾說過：「天使之所以能夠飛翔，是因為他們有著輕盈的人生態度。」很多人的患得患失都是因為功利心太重，心胸過於狹隘，過分害怕失敗，於是就憂心忡忡，心頭像壓著一塊沉重的鉛塊，使自己經常感到窒息，感到束手無策。

這些人因為擔心失敗，所以他們總是把現實中的困難估計得過高，什麼事做起來都感到十分吃力，覺得沒有成功的把握，以至於前怕狼後怕虎，畏首畏尾，一旦感到生命無助時，他們便心灰意冷，甚至於自暴自棄。

其實，在得與失之間，如果你看得淡泊一些，那麼你就沒有那麼多的煩惱，何必要用得失做一個囚籠將自己的心囚禁於其中呢！

中國著名的乒乓球運動員韓玉珍，有一次代表國家隊參加世界錦標賽。比賽的前一天晚上，她緊張得要命，對勝利的渴望和對失敗的憂慮使她無法入眠，沉重的心理壓力使她再也承受不住了，於是劃破了自己的手腕，卻謊稱有人行刺她。後來，真相被查出，這件事成了體育界的一大醜聞，嚴重地影響了中國乒乓球隊的形象，為此中國國家隊將她的參賽資格取消了。

但是，在過後的國內比賽中，她如同以前一樣又屢戰屢勝，國家隊又重新把她召回。在接下來的國際重大比賽中，她的對手是從未贏過她的日本隊運動員，剛開始韓玉珍連贏兩局，第三局對手趕上了幾分之後，韓玉珍的信心開始動搖了，結果連輸三局。其實，她並不是輸在技術和能力上，而是輸在患得患失的心理上，輸在憂慮、不自信上。

失敗雖然是一件可怕的事情，沒有人喜歡失敗，但是世上沒有永遠的成功者，唯有從失敗中爬起來，才有戰勝失敗，獲得成功的可能。真正的智者是從來都不懼怕失敗的，而是善於在煩惱中找尋智慧，從憂患中激發出生存的力量，他們不會讓擔心失敗的憂慮之心動搖自己的信心。

生活中，當你一旦經歷了失敗時，也應當迅速從憤怒和沮喪中清醒過來，把這次失敗視為一次學習經驗的機會，通過失敗重新估計自己，放下你的憂慮，重新來過。

放下憂慮，快樂生活

在現實生活中，如果我們環顧四周，細心觀察一下，就會發現不少人的內心深處似乎都隱藏著莫名的焦灼和擔憂。這種「憂慮感」令人們身心疲憊，使笑臉後面的神經繃得緊緊的。

雖然喜、怒、憂、思、悲、恐、驚是人之七情，雖然憂慮並不總是以它灰暗的一面出現在生活的表面，但它更像陰冷的斜雨，給本該明淨的生活畫上了無數似有若無的暗影。

有一位了不起的女性告誡說：「不要讓憂慮占據我們的生活！」這位女士十七歲時嫁給了一位三十八歲的律師，後來，她因丈夫病逝足足守了十三年寡，而她含辛茹苦的回報是——六個孩子中有三個在中年時離她而去。

除此之外，她還歷經了慘烈的戰地轟炸、逃亡的危險和疾病的折磨。可以說，她經歷了一個婦女所能經歷的全部人生苦難，但是她始終沒有被擊垮，快樂的天性依然。

她非常喜歡玩遊戲，有時會發明一些娛樂節目，她還有編故事的才能，所編的故事新奇而有趣，也常講給周圍的人聽，引得他們開懷大笑。她將她的這些天賦都遺傳給了她的大兒子——約翰·沃爾夫岡·馮·歌德，這個名字如今早已是人類文明的一座燈塔。

當你閱讀她的文字，解析她的生活哲學時，也許你就會明白她的快樂所在：「我之所以快樂，是因為我心中的信念之燈沒有熄滅。我不斷求索生命中的喜樂平安：如果門太矮，我會彎下腰；如果石頭擋道，我會動手挪開它或者換一條路走……我從每天的生活瑣事中都可以找到快樂。」

憂慮是每個人都會有的，無憂無慮的人是不存在的，但是有些人依然可以生活得很快樂，有些人卻被憂慮壓得喘不過氣來，也許這些辦法可以讓你暫時放下憂慮，輕裝前進。

①付諸行動：一個人如果總是想著目標和計畫就會帶來焦慮和壓力。計畫是必要的，但是如果計畫導致了焦慮，消除焦慮的唯一方法就是開始行動。當你付出向目標更近一步的行動時，就會減輕你的憂慮。

②當機立斷：一些無法立刻作出決定的事情會帶來憂慮。作出決定往往能讓壓力一下子釋放出來。現在就作出決定，或者至少開始搜集一些能讓你作出決定的資訊。就算作了錯誤的決定，改正重來就好了。

③整理思路：如果你大腦裡裝的事情太多，把它們寫下來可能會讓你放鬆一些。當你被太多的事情困擾，有時只是為這些事情安排一個時間，甚至只是把它們記下來，至少能讓你現在不惦記它們了。把自己的思路整理一下，告訴自己到能做這些事情之前，沒必要發愁了。

④快刀斬亂麻：面對困難最好的辦法就是直面困難，當場解決。很多問題是躲不開的，拖著不辦只能增加煩惱。被問題困擾所帶來的痛苦和憂慮往往大於問題本身。所以，面對問題解決它，煩惱也就隨之而去。

⑤用冥想來消除憂慮：也許這就是現在瑜伽愈來愈流行的原因，如果沒有時間或者沒有冥想的經驗，有一個簡單的辦法：閉上眼睛，放鬆體內繃緊的神經，然後做幾次深呼吸。

倘若生命以一天為單位計算，而一天又是如此快捷地逝去，你又有什麼理由懷抱昨天留下的怨憤和對明天的憂慮，把短暫而又奇妙的今天虛度？你只應求得今天需要的精神和肉體的食糧，為今天所擁有的一切——麵包、健康、工作、親情而心存感激。放下憂慮，快樂生活！

智慧品人生

如果一個人懂得感恩和付出，那麼憂慮就會遠離他。有關調查顯示，每週有一天或一天以上的時間參加義工服務的人群裡，產生不良情緒的比例最小；一些癌症俱樂部成員的快樂指數要遠遠超過許多年富力強、衣食無憂的健康人。

其實，十九世紀的美國總統林肯早就說過：「大多數人能活得快樂在於他的選擇。」——在簡單生活中找到快樂，在幫助他人中得到快樂，在忘卻仇恨中品嘗快樂。能作出這樣選擇的人，都是可以克服憂慮而走向快樂的人。

4．放下嫉妒，使自己的幸福完美

> 在嫉妒心重的人看來，沒有比他人的不幸，更能令他快樂，亦沒有比他人的幸福，更能令他不安。——斯賓諾莎

嫉妒，最無能的競爭

嫉妒是當人們缺乏自信、深感失落時的心理感受，產生於自己和他人進行不恰當比較時。它是由於恐懼或擔心他人優於自己，所以憎恨或遷怒他人，是力圖在某些方面超越他人的企求得不到滿足時產生的一種心理狀態。

嫉妒是一種最無能的競爭。嫉妒心強的人總是對超過他的人不服氣、怨恨，一旦看到別人在自己的攻擊中受到傷害，就會有一種變態的欣慰與快感，甚至採用不正當的手段來中傷、詆毀被嫉妒者。

《酉陽雜俎．諾皐記上》記載一個著名的「妒婦津」的故事：相傳劉伯玉的妻子段氏有很強的嫉妒心。劉伯玉曾稱讚曹植在《洛神賦》中所寫洛神的美麗，段氏聽到後，氣憤地說：「君何得以水神美而欲輕我？我死，何愁不為水神？」後果真投水自殺。於是後人將她投水的地方稱為「妒婦津」，相傳凡女子渡此津時均不敢盛妝，否則就會風波大作。

這個故事說明了人類社會普遍存在著的嫉妒心理。雖然嫉妒心人人都有，但有的人把嫉妒心變成對對方的讚美，而有的人則壓住對對方的讚美，甚至攻擊對方。

某知名大學經濟學系的女學生，被同宿舍的另一個同學推上了被告席。原告與被告以前關係不錯，堪稱該系的一對姊妹花；同時兩人的成績不相上下，因此彼此又在暗中較勁。

事件的起因是兩人都參加了托福和 GRE 考試。原告成績較理想，遂向美國一所著名大學提出留學申請，不久被告知每年可獲得近兩萬美元的獎學金。原告高興萬分，等著對方的正式錄取通知。

而被告考得不太好，看到原告整天興高采烈的模樣，讓她更加不快。她愈想愈有氣，就生出了一條毒計。原告左等右等，遲遲不見正式通知的光臨，就託在美國的同學去該校打聽，校方說曾經收到她發來的一份 E-mail 表示拒絕來該校，因此校方只好將名額轉給別人。

原告聽到此消息，如五雷轟頂，冥思苦想這到底是怎麼回事。後來，她經過多方的調查，才發現是被告盜用了她的名義，在經濟系的機房發了一封拒絕函。於是，原告懷著憤怒的心情，將被告訴諸法庭。

是什麼原因讓兩個原本友好的同學走向法庭，顯然是嫉妒！

嫉妒心強的人缺乏的不僅是自信，更多的是患得患失的心理。他們自己不思長進，卻不允許旁人出人頭地。由於自私心的作祟，他人的一切優勢——才華美貌、功業名望、財富地位……他們都感到是對自己的一種直接威脅，因而很容易把自己的失敗與低能，以及由此而產生的失落感、恐懼感，化為一種敵意投射到優勝者身上。

要想熄滅妒火，就要敢於承認事實、接受事實，對自己說：「他的卓越讓我看到了自己的缺欠，也看到了自己的努力方向。昏頭昏腦地嫉妒他人於事無補，明智、勤奮地揚長避短才能揮灑屬於自己的光彩。」

然後，努力地提高自己，不斷地完善自己。那些能夠找到自己生存樂趣和生存價值的人，是不會去嫉妒別人的，嫉妒是最無能的競爭，放下你的嫉妒，做最真實的自己。

放下嫉妒，做好自己

嫉妒心強的人總是忌恨別人比自己好。可是，別人真的比自己好嗎？或者他們比自己有錢，有權，有地位，可是這些就可以證明他們比自己好嗎？

幸福，並不是一定與權、錢和物質相連的。幸福只是一種感覺，是自我對擁有的生活的滿意度、認可度。很多時候，富人未必感覺比窮人幸福。表面的風光，能代表的僅是他符合社會成功標準的能力，但代表不了他的幸福指數。所以，你沒必要嫉妒任何人。

沒有人的一生是一帆風順的，沒有人的成功是一蹴而就的，沒有人是完全沒有苦、沒有痛，完全幸福的。哪怕是小溪，也有起浪的時候。誰不會在人前裝得光鮮，裝得堅強，裝得幸福，裝得成功呢？誰不是把自己最好的一面展示給別人呢？如此聰明的現代人，誰還會去扮演苦情的角色？既然如此，又有什麼值得你嫉妒的呢？

再說，就算是別人真比自己好，你嫉有何用？妒有何益？別人的終究是別人的，無論怎樣都成不了自己的。沒有人可以隨隨便便就成功，他的輝煌是用他的汗水澆灌出來的。就算他是蔭於祖輩，用平常的話來說也自有他的因果輪回。你所要做的就是努力做好自己，使自己一步步接近目標。

如果一個人的心中充滿了嫉妒，那麼這個社會上永遠不會缺少讓他嫉妒的對象。因為人外有人，天外有天，永遠有他達不到的高度和得不到的美好。

愛嫉妒別人的人，看不到自己擁有的珍貴，只看到別人的成就和風光；不思量如何進取拼搏，以求縮短差距，而是幻想祈禱著那個（些）人忽然倒楣，好讓他獲得心理平衡；或者使盡手段力圖打擊對方，十足的小人心理。

愛嫉妒別人的人，整天陷在別人成功的陰影裡，或者成天琢磨著心事，對身邊的美好視而不見，他眼裡的世界全是別人的光彩和自己的卑微、不甘，心之陰暗，可憐可歎更可悲！嫉妒唯一的結果就是打擊自己的自信，摧毀自己擁有的美好，百害而無一利，損人更不利己。

嫉妒就像一隻蒼蠅，經過身體的一切健康部分，而停在創傷的地方。嫉妒是一種恨，這種「恨」使人對他人的幸福感到痛苦，對他人的災殃感到快樂。有嫉妒心的人，自己不能完成偉大事業，便盡量去詆毀他人的偉大，通過貶抑他人的偉大使之與自己相齊。放下你的嫉妒吧，輕裝上陣，你會發現，愈放下愈輕鬆！

倘若你產生了嫉妒的心理，也用不著太緊張，因為嫉妒是可以化解的，只要你把自己的生命放到歷史的高度來認識，不圖一時的痛快，不圖一時的宣洩，人生自有定論。

放下嫉妒的包袱，繼續趕路，你會發覺自己的步子輕鬆而愉悅。因為寬容，你會心安；因為大度，你會無愧，這樣的人生才會充滿魅力，這個世界也會因此而更加美麗。放下嫉妒，你想要什麼就努力地去爭取。唯有如此，才能成就自己的成功，完善自己的幸福。

5．放下自卑，向成功邁進

自卑的人，總是在自卑裡埋沒自己，記住，你是這個世界上唯一的。

刪去自卑，改變你的一生

基恩，美國著名的心理學家，因為他是個黑人，所以他遭到了不公正的待遇，在他的那個年代，種族歧視心理是誰也難以打破的藩籬，因為黑人在美國是沒有社會地位的。

在基恩小的時候，他常常躲在公園的角落，偷偷看著幾個白人小孩玩，但是因為自卑，他從來沒有向前走過。

一天，有一個老人來公園賣氣球，白人小孩見到後全跑了過去，每個人都買了一個氣球，然後高高興興地放開手上的氣球，讓它們飛向天空。等到那些白人小孩都走了以後，基恩才怯生生地走到老人面前，小聲地說：「老爺爺，可以賣一個氣球給我嗎？」

老人和藹地說：「當然可以！那麼你想要什麼顏色的氣球呢？」

基恩開心地說：「我想要一個黑色的。」

於是，老人遞給他一個黑色的氣球。接過氣球，基恩輕輕地鬆開了手，抬頭靜靜地看著氣球緩緩地上升。

老人笑著告訴他：「孩子，你看到了吧，氣球能不能升起，與顏色沒有關係！」

從此，基恩再也沒有因為自己是黑人而自卑，因為老人讓他相信，白人能做到的事情，黑人同樣可以做到。

麥斯威爾．馬爾茲醫生曾經說：「世界上至少有百分之九十五的人都有自卑感！」這個數字聽來十分嚇人，但若細心觀察，你、你周圍的親朋好友，有幾個人是真正的不自卑？又有幾個人不是整天訴說著自己的不幸？

世界上最糟糕的事情就是把自己看成一個可憐的人，人一旦可憐自己，那麼他就真的很可憐了。

羅斯福夫人愛蓮娜出自名門，按理說應該是個非常自信的女孩子，其實情況不然。正因為家中美女如雲，她的母親、嬸嬸都是社交界名媛，相形之下，她一直認為自己是個笨拙的醜小鴨，長相平凡、談吐羞澀，又不會跳舞，不會溜冰，簡直是無一長處！於是，她每天都生活在這種充滿自卑感以及他人的陰影之下。

這種情形一直持續到一次耶誕節的舞會。那天，有一位年輕人走上前來對她說：「我能請你跳支舞嗎？」就從這一次邀請之後，忽然有許多年輕人來邀她共舞。那位第一次邀她共舞的年輕人，就是美國政壇知名的人物富蘭克林．德拉諾．羅斯福。

愛蓮娜的自卑與自信，就閃現在一線之間，相信在那一刻她的長相沒變，裝扮沒變，變的是她因為信心而導致臉上不同的光彩，一直以來自信就是最好的美容聖品。富蘭克林．德拉諾．羅斯福的一句話、一個邀請，便改變了愛蓮娜的一生。

不過，現實生活中，我們不能像愛蓮娜這樣以「守株待兔」的方式等待著別人來改變我們的一生，那太消極了。你只要瞭解自卑是無謂的，自卑與自信只是如此的一線之隔，越過去，那麼你便可以改變自己的一生。

自卑是一種病菌，它吞噬著人們的心靈，給人帶來莫大的痛苦。把自卑從你的字典裡刪去，自信就有了它本來的光彩！人的一生，只要意志的翅膀不斷，那麼挑戰生活、征服命運的飛翔就永遠不會停止。

放下自卑，邁向成功

人之所以自卑是因為心理上產生一種消極的自我暗示，也就是「我不行」。正如哲學家斯賓諾莎所說：「由於痛苦而將自己看得太低就是自卑。」用最簡單的一句話說：自己看不起自己。

人如果長期被自卑情緒籠罩，就會一方面感到自己處處不如人，一方面又害怕別人瞧不起自己，逐漸形成敏感多疑、多愁善感、膽小孤僻等不良的個性特徵。自卑使他們不敢主動與人交往，不敢在公共場合發言，消極應付工作和學習，不思進取。因為總是把自己當成弱者，所以他們無意識去爭取成功，只是被動服從並盡力逃避責任。自卑不僅會使心理活動失去平衡，而且也會引起人的生理變化，最敏感的是對心血管系統和消化系統產生不良影響。然而，這些生理上的變化又反過來影響人的心理變化，從而更加加重人的自卑心理。

那麼，如何才能打破這自卑的枷鎖呢？

首先，看待事物時要客觀全面。具有自卑心理的人，總是過多地看重自己不利和消極的一面，而看不到有利、積極的一面，缺乏客觀全面地分析事物的能力和信心。這就需要你努力提高自己透過現象看本質的能力，客觀地分析對自己有利和不利的因素，尤其要看到自己的長處和潛力，而不是妄自嗟嘆、妄自菲薄。

其次，自身的不足就要在積極的進取中彌補。有自卑心理的人大都比較敏感，容易接受外界的消極暗示，從而愈發陷入自卑中不能自拔。倘若能夠正確地對待自身的缺點，把壓力變成動力，奮發向上，則一定會取得成績和成功，從而增強自信、擺脫自卑。

再次，成功的自我形象還需在成功的回憶中建立。當你懷疑自己的能力並為自卑感所困擾的時候，不妨從過去的成功經歷中吸取養分來滋潤你的信心。切不可沉溺於對失敗經歷的回憶，把失敗的意象從你腦海中趕出去，因為那是你不友好的來訪者。失敗絕不是你的主要方面，而是你偶然存在的消極面，是你心智不集中所影響。你應該多強調自己成功的一面。一連串的成功，貫穿起來就會構成一個成功者形象。它會不時地向你暗示，你是具備決策力和行動力的，你能導演成功的人生。

無論是什麼樣的生活都不會完美無瑕，無論是什麼樣的人都不會十全十美。上蒼是公平的，在給予你這方面優勢的同時，你也得為其他方面努力不懈。這樣的你，生活才會充實有意義，才會更有拚搏的動力，用自己的努力來創造美好人生。能夠放下自卑的人，才能邁向成功。

智慧品人生

在日常生活中，很多人都曾經因受到自卑的困擾而感到煩惱，也許因為生活貧困，也許因為長相平凡，也許因為能力不夠出眾。然而許多時候的自卑其實是沒有太大的必要的，它往往是自己給自己施加壓力而造成的。這時候，只要你放下包袱，好好地正視自己，給自己加油鼓勵，那麼，心中的「結」就會自然而然地被解開，自卑也就不再存在。當你遠離了自卑，那麼你會發現你離成功也越來越近了。

6．放下怨恨，是對自己的寬容

多一份寬容，少一份怨恨，放過他人也就放過了自己。人要成大事，就一定要有寬闊的胸懷，只有養成了包容一些人和事的習慣，才能夠取得事業上的成功與輝煌。一個人不能容忍別人的缺點，就不可能擁有真正的朋友，而他的人生也難以成功。——《何為貴》

金無足赤，人無完人

當我們看透「怨恨」的本質後，我們就會學著去「寬容」。寬容別人，同時就是寬容自己，給別人一個改過自新的機會，就是給自己一個廣闊的空間！

金無足赤，人無完人。人的缺點是客觀存在的，容不得別人的缺點勢必難以共事；由於人們的社會出身、經歷、文化程度和思想修養各不相同，所以人的性格各異。因此待人寬容就是指從根本上能夠接納各種不同性格的人，這不僅是一種道德修養，也是一門藝術。

從歷史上看，許多領袖人物，都是善於團結各種不同性格的人共同工作的典範；要善於容人之過，因為「人非聖賢，孰能無過」。寬容他人，給予他人尊重和信任，同時也是賜予自己幸福和快樂；寬容他人，給予他人微笑和友善，你的心靈便會很踏實和輕鬆，也只有懷有一顆寬容之心的人，才會看到生活中更美好、更真誠的一面。

有一段話說得很好：用感恩的心去感激傷害你的人，因為他磨煉了你的意志；用感恩的心去感激欺騙你的人，因為他增進了你的見識；用感恩的心去感激鞭打你的人，因為他清除了你的業障；用感恩的心去感激遺棄你的人，因為他強化了你的能力；用感恩的心去感激斥責你的人，因為他助長了你的智慧！

現實生活中有太多的壓力使我們的精神經常處於緊張的狀態，不妨適當地降低一些對自己的要求，對自己多一些寬容，笑看生活中的困難和挫折。寬容別人的缺點，你將會贏得別人的尊重。在人生的道路上，我們需要感情的理解、精神的安慰、生活的照顧、行為的支持。苦惱的時候，希望別人能接受自己的傾訴；成功的時候，希望別人能讚賞自己的成績；危難的時候，希望別人能伸出援助之手；困惑的時候，希望別人能予以指點……因此，我們要以開朗豁達的心境、熱情友好的態度，去尊重他人、理解他人、關愛他人、善待他人。

只有善待他人，才能把自己融入人群，獲得友誼、信任、諒解和支持；只有善待他人，才能調整失衡的心態，解脫孤獨的靈魂，走出無助的困境；只有善待他人，才能在人生的道路上，擁有充滿快樂的感覺，踏入充滿機遇的境界，走向充滿希望的未來。寬容待人是一種美德，是一種思想修養，也是人生的真諦，你能容人，別人才能容你。

把「怨恨」的心變成「感恩」的心，那樣你的心就會變得寬廣，變得平和。因為寬廣，所以才足以包容，包容那清淨的，也包容那汙穢的，包容善，也包容不善，就像廣闊的大地，不拒清淨汙穢，也像浩瀚的大海，不拒百川細流，更像無限的虛空，無所不含，無所不涉。願我們的心胸像大地一樣的寬廣。

寬容他人是善待自己的好方法

怨恨之心人皆有之，而人之所以為人，很重要的一方面是因為人有克制能力，能用寬容化解怨恨。假如怨恨勝過了寬容，那帶來的便只有血與火的暴力，帶來難以撫平的傷口。其實，寬容他人就是善待自己。

哲學家康德說：「生氣，是拿別人的錯誤懲罰自己。」別人犯錯了，我們緊緊咬住不放，猛烈指責，那此時將要犯錯的該是我們自己了。一個不肯原諒別人的人，就是不給自己留餘地，因為每一個人都有犯過錯而需要別人原諒的時候。

社會生活中，人與人之間在交往與接觸時，不可能不發生摩擦，但如何處理這種摩擦，卻是因人而異的，有的人處理起來便過於簡單而無理，往往把一件小事，自導自演得不可收拾，大有不鬧出命案誓不甘休之勢。相反，有的人處理起來卻是盡量簡單而又有理。本著寬容的心態大事化小，小事化無，給他人留有餘地，同時也給自己留有迴旋的空間。

當我們容忍了別人對我們的誤解，或是容忍了別人對我們的不公甚至侮辱，使我們在精神或物質上造成了一些傷害和損失，面對這些情況，內心大多表現不愉快或是怨恨，如果這個時候能拋棄這些想法，能夠寬容別人，我們的心胸就會變得寬廣，我們的心情也會變得愉快，別人也會在我們的寬容中，感受到我們的真誠，在他們的內心也會產生震撼，他們會反思自己的言行，甚至至澈底改掉一些不好的習慣，這樣既給了別人改正的機會，還能使別人對你產生好感，實際上，最大的受益者還是你自己，因為你的心靈得到了淨化和昇華。

寬容的受益人不只是被寬容者，因為在寬容別人的同時也釋放了自己，我們遠離嫉妒與怨恨，就是遠離痛苦、心碎、絕望、憤怒和傷害。寬恕別人的過錯，寬容旁人的無意冒犯，寬容別人的缺點與不足，同時也寬容自己，善待自己。

寬容是一種豁達的心境，對於人生，也許只有擁有一顆寬容的心，才能面對自己的人生；寬容也是一種幸福，我們寬恕別人，不但給了別人機會，也取得了別人的信任和尊敬，我們也能夠與他人和睦相處；寬容是一種堅強，而不是軟弱。

荀子曾言：「君子賢而能容罷，知而能容愚，博而能容淺，粹而能容雜。」意思是說，君子賢能而能容納無能的人，聰明而能容納愚昧的人，知識淵博而能容納孤陋寡聞的人，道德純粹而能容納品行駁雜的人。這是一種海納百川，有容乃大的至高境界，不會寬容別人的人，是不配受到別人寬容的。

寬厚待人，容納非議，是事業成功、家庭幸福美滿之道，事事斤斤計較、患得患失，活得也累，難於在人世走一遭。多一點對別人的寬容，我們生命中就多了一點空間，寬容別人就是善待自己。

智慧品人生

寬容是一種積極的處世方法，它足以改變你以及你所愛的人；而憤怒和怨恨不僅會傷害別人，也會逐步毀滅自己。大度能容，容天下難容之事；開口常笑，笑天下可笑之人。人生最大的美德便是包容，包容別人就是包容自己！放下怨恨，學會寬容，學會珍惜，你的心中能裝下多少，就有多少鮮花在你心中開放！

7．放下自私，讓別人走進自己的天地

人性自私的弱點影響著我們的品德，決定著我們的思維和行為方式，左右著我們的成敗。被自己的弱點所打敗的情況遠遠多於被對手打敗，戰勝了自己，你就能走向成功。

——《影響一生的人性弱點》

多為別人想一些，別人才肯走近你

每個人都免不了會有自私的一面，會有自我的一面。人人都逃不開讓自己滿足的欲望，以及滿足欲望後的快感。任何人都不可能做違背自己欲望的事情，面臨抉擇的時候，他們可以違背自己的利益，但絕不可能違背自己的欲望。過於自私的心理則是一種病態心理。為了滿足個人私欲而完全忘乎人與人之間的關係本質的人，最後必將遭到應有的懲罰。

現代社會的一大弊病是以自我為中心，世界的災難正是由此而造成的。在人際交往中很多人具有過分優越感，過分優越感實際上是一種虛榮心。借用外在的、表面的或他人的榮光來彌補自己內在的、實質的不足，以贏得別人和社會的注意與尊重。法國哲學家柏格森曾經這樣說過：「虛榮心很難說是一種惡行，然而一切惡行都圍繞虛榮心而生，都不過是滿足虛榮心的手段。」如果人們能把自己的注意力轉而投向他人，社會可能會純淨、美麗許多。

一個以自我為中心的人，實際上是一個「畫地自限」的人。因為他想讓世界隨著他的願望變黑變白，隨著他的悲歡變美變醜，在情感世界裡，他的情緒就是太陽，想出來就晴天，想不出來就陰天，一切隨著他變。對方不能有自我，更不能有自由。以自我為中心的人，不會愛別人，不會為別人著想，更不會激勵對方成長。

我們每個人都有自私心理和虛榮心，這是合乎情理的，但過於把自私心理和虛榮心看得太重那就變得太恐怖了，會讓一個人走上絕路！人，有時候要適可而止，不要過分地去考驗別人的耐心。人的忍讓，畢竟是有限度的。

不要太自私，不要太以自我為中心，不要把別人對你的好，對你的關心、幫助當做是在向你索求，在向你討好，或者當做是應該的。不要自視清高，去鄙視那種處處為你著想，為你擔憂，討好你的人。別忘了，別人離開了你，人生照樣可以活得精彩，過得輝煌。太陽每天都會照常升起……

正確地接受別人的意見，正確地排除自己某些不好的想法，不要因別人不隨著自己的想法而和別人為了自己那所謂正確的道理而爭論，因為「道可道，非常道；名可名，非常名」。

做人不要以自我為中心

人自從出生到世界上的那一刻起，「自私」就像寄生蟲一樣寄生在人們的心裡。「私」在人的心裡生根、發芽，並且不斷地成長。人們為了滿足愈來愈強烈的私欲，可以無視一切道德準則、法律規條，進而導致了社會的混亂，給社會的繁榮穩定、和諧發展埋下了隱患！

有這樣一個男子，小時候，只要父母不能及時滿足他的願望和要求，便以跳樓等自殺行為來威脅父母，結果，每一次都成功，他以此確信這一武器最靈驗。

大學畢業後，他考上公務員，覺得自己沒有受到重用，便給單位主管寫信，沒有回音，他很生氣，於是又給上級主管部門寫信，但還是沒有回音。他一看多次反映不成，便採取極端手段，給上司寫了一封遺書，說去跳樓，上司看見遺書，立刻趕到他的住處，但他卻躲藏在老家，繼續提出新的要求，說他想去國外，因為這樣才有國際觀，單位很快幫他在國外找到工作，調令下來時，他買了兩張到外縣市的火車票，說要跳海。

他把這個想法告訴一個朋友，然後獨自跑到海邊，等著大家去救他，但這次單位沒有再搭理他。對單位的威脅一次次失敗後，他又想起大學的一個女老師，說他很愛那個女老師，那個女老師也很愛他，因為上課時，女老師路過他身邊時經常停留，低著頭看他。他誤以為這就是愛。於是，他給那個女老師寫了一封長長的信，要求她國慶日前到他的住處看他，信發出後，沒有回音，他又寫第二封，並說如果她不來，國慶日那天他就自殺。他一廂情願的相信這種武器的殺傷力是有用的，因為在他父母身上百發百中，結果，並非如此。

「以自我為中心」的人在社會上總是失寵和受挫。在情感方面也遭受著同樣的打擊。愛和幸福似乎與他無緣，因為他要求整個地球都圍著他自己轉，而地球有自己轉動的方向。他不會在愛中發現自我，因為他不把對方當做個體，而是當做控制的俘虜，他不會在愛中成長，因為他不會從對方身上吸收養料，而是向對方發號施令。

智慧品人生

自私意味著不順從他人而只憑自己的意志辦事。當今社會上所存在的一些不良現象，坑蒙拐騙、各種糾紛矛盾、人與人之間的貧富差距乃至國際爭端……說到底全都是因為「自私」而引發的！競爭與生存的區別就是自己是否能很好地融入這個社會，這樣才能夠成為贏家。

8．放下焦慮，讓心靈呼吸清新空氣

壓力無所不在，我們必須認真對待心理壓力問題，並及時地、適當地透過情緒調節來緩解心理壓力，為它找個出口，它就不會給精神帶來太重太大的傷害。用穩定的情緒、健康的心理去面對紛繁複雜、瞬息萬變、競爭激烈的社會！——《戰勝焦慮》

焦慮，心理有潛在疾病的徵兆

焦慮似乎已成為現代人普遍存在的「心病」，有人評論說現代就是一個「焦慮的年代」。焦慮表現為：總是擔心、恐慌。擔心、恐慌是一種不安的表現，主要的精神反應便是焦慮和憂愁，明知沒必要如此不安，卻沒有辦法自我解脫和控制。

人與動物的區別就在於對事物的預測性、預見性。在當今千變萬化的社會中，對將來必要的擔心和考慮是應該的，但焦慮症患者的焦慮不是來自外界真正存在的實際危險，而是杞人憂天式的空想，即心理學所說的「心理炒股」，且愈「炒」愈大，草木皆兵。

擔心事業會失敗，擔心災難隨時降臨於自己頭上，擔心離職，擔心失戀，擔心交通事故，擔心無購房能力……這種焦慮常常會讓人覺得生活周圍危機四伏，且認為自己沒有能力解決這些難題；或者自認不受人歡迎，或猜想有人會加害於己。當他陷於焦慮沉思時，便會出現心悸、不安、胃絞痛、慌亂而手足無措，無所適從。

有嚴重焦慮症的人還會為自己杜撰和假想許多「罪行」，衍生出許多的罪惡感和無用感，不是做錯事、做壞事的犯罪，而是「罪由心生」，覺得自己無用，對人對事常抱疑慮態度，判定別人不信任自己，常因失望而生憤怒，並遷怒於人。無用感是罪惡感的變種，罪惡感將厭惡外化；無用感則將厭惡內化，認為自己一無是處，自卑、羞怯、內疚、自責，認為自己的軀體、外觀、長相無可取之處，不可能讓人喜歡，即使工作有成績也認為是碰上了好運。無用感主要是源於社會變化和競爭過分劇烈所帶來的內心恐懼。有競爭就會有失敗，有變化就會有落伍，這些可怕的結果長期停留便會造成心靈疾患，並誘發心臟病、癌症。

出現輕微焦慮的時候，應當意識到自己的焦慮心理，一定要正視它，沒有必要也無需用一些自認為「合理」的理由來掩飾焦慮情緒的存在，充分調動主觀能動性，樹立消除焦慮心理的信心，並運用注意力轉移的方法，及時消除焦慮。

緩解心理壓力，放下焦慮

由於社會的高速發展會使人們的觀點、態度、希望也隨之變化，在這個快節奏、高效率、充滿競爭與挑戰的社會中，人們常常會受到內外環境的強烈影響，出現情緒上的波動和生理上的變化，從而產生心理上的壓力。

生活在這個紛繁複雜的社會當中，每個人都不可能沒有壓力。要想改變這種情況，可採取下列的方法舒緩情緒，排解積累的壓力。

一、面對現實

現實生活中每個人都有自己的理想和抱負，對未來都充滿了憧憬。但是這種願望應該建立在實際的、力所能及的基礎上。人們之所以會感到工作、生活受到挫折，往往在於自身的目標難以實現，從而感到自卑失望，過高的期望只會使人誤以為自己總是倒楣而終日憂鬱。有些人是「完美主義者」，對任何事都希望十全十美，而世界上的一切事情都不可能盡善盡美。所以，應該調整自己的生活目標，客觀地評價事情、評價自己，得意黯然，失意泰然，在積極向上努力進取的同時，擁有一顆坦然面對成功與失敗的平常心，才能使自己心情舒暢。

二、宣洩法

這是一種將內心的壓力排洩出去，以促使身心免受打擊和破壞的方法。通過宣洩內心的鬱悶、憤怒和悲痛，可以減輕或消除心理壓力，避免引起精神崩潰，恢復心理平衡。「喜怒不形於色」不僅會加重不良情緒的困擾，還會導致某些心身疾病。因此，對不良情緒的疏導與宣洩是自我調節的一種好辦法。一位運動員受到教練員訓斥後很沮喪，不久便引發了胃病，藥物治療也不見效。心理學家建議他在訓練中把球當教練員的臉狠狠地打，採用此法後他的胃病果然好多了。

不過這種宣洩應該是建立在合理的基礎上。簡單的打砸，吼叫，遷怒於人，找替罪羊（丈夫、妻子、孩子、同事）或發牢騷，說怪話等都是不可取的。宣洩應是文明、高雅、富有人情味地交流。有人說：「一份快樂由兩個人分享會變成兩份快樂；一份痛苦由兩個人分擔就只有半份痛苦。」如果把自己的煩惱、痛苦埋藏在心底，只會加劇自己的苦惱，而如果把心中的憂愁、煩惱、痛苦、悲哀向你的親朋好友傾訴出來，即使他無法替你解決，但是得到朋友的同情或安慰，你的煩惱或痛苦似乎就只有半個了，這時你的心情就會感到舒暢，該哭的時候就痛痛快快地哭一場，釋放積聚的能量，調整機體的平衡，大雨過後有晴空，心中的不良情緒就會一掃而光。

三、注意力轉移

從前，有個老太太整天愁眉苦臉：天不下雨，她就掛念賣雨傘的大兒子沒生意做；天下雨了，她又憂心開染房的二兒子不能曬布。後來，有個鄰居對她說：「你怎麼就不反過來想想呢？如果下雨了，大兒子的生意一定好；如果不下雨，二兒子就可曬布。」老太太一聽恍然大悟，從此不再愁眉不展。

當與人發生爭吵時，馬上離開這個環境，去運動或看電視；當悲傷、憂愁情緒發生時，先避開某種物件，不去想或遺忘掉，能消憂解愁；在餘怒未消時，能通過運動、娛樂、散步等活動，使緊張情緒鬆弛下來；有意識地轉移話題或做點別的事情來分散注意力，可使情緒得到緩解。

人們面對困境不滿，情緒沮喪時，不妨從相反方向思考問題，這能使人的心理和情緒發生良性變化，得出完全相反的結論，使人戰勝沮喪，從不良情緒中解脫出來。我們應該多接觸令人愉快、使人歡笑的事物。避免和忘卻一些不愉快的事。與其「不懈奮鬥、孜孜以求」，最後「衣帶漸寬」，面容憔悴，不如瀟灑一些，做點快樂的事。

智慧品人生

曾有一名記者問蕭伯納：「請問樂觀主義者與悲觀主義者的區別在何處？」蕭伯納回答：「這很簡單，假設桌上有一瓶只剩下一半的酒，看見這瓶酒的人如果說：『太好了，還有一半。』這就是樂觀主義者；如果有人對這瓶酒歎息：『糟糕！只剩下一半。』那就是悲觀主義者。」當我們遇到困難、挫折、逆境、厄運的時候，不妨從相反方向思考問題，從不幸中挖掘出有幸，使情緒由「山窮水盡」轉向「柳暗花明」，從而擺脫煩惱。

9．放下「過去的創傷」，救出「抑鬱」中的你

一個人究竟能不能在今後的事業和生活中有所創造、有所突破，在很大程度上，都取決於他是否能真正身心輕鬆地永遠臉朝前看，而不是總掉頭往回看。一個人之所以煩惱多多，原因之一就是記性太好。往事萬千，成就、遺憾、懊惱結纍成串。有些恩恩怨怨該忘掉就忘掉，不然包袱越背越重，就會活得很累。——《走出抑鬱》

用一顆平常心去感悟生活

「平常心」看似簡單的三個字，在現實生活中，卻是人人都難以超越的一面牆，因為我們並不懂得何為真正的平常心，也不懂得怎樣來保持自己的平常心，更不懂得怎樣來利用平常心。

首先，平常心是一種心境，不僅是對待周圍的環境要做到「不以物喜，不以己悲」，更要對周圍的人和事做到「寵辱不驚，去留無意」，這樣才能讓我們的生活有一份平靜和諧。

其次，平常心還是一種境界，惠能大師曾云：「本來無一物，何處染塵埃。」他的這種超脫物外、超越自我的境界正是對平常心最好的解釋。他們不是「看破紅塵」，更不是消極遁世，相

反他們所要表現的正是一種積極的心態，以平常心觀不平常事，則事事平常，無時不樂也無時無憂。

用平常心看待生活，就能以冷靜的眼光看待一切，淡泊名利，泰然處之，不貪心，不愛慕虛榮，不妄想非分的享受，生活中自然會有恬淡安適的樂趣，平凡的生活，沒有過多欲望，就會看到生活中那些許的溫馨。

面臨困厄，面對不利的處境，我們更保持一顆平常心，要尋找和創造自己所希望的生存狀態，因為良好的心態可以戰勝任何艱難、挫折和壓力。心態是我們真正的主人，它能使我們成功，也能使我們失敗。同樣的一件事，由具有兩種不同心態的人去做，其結果必然相反。心態決定你做事的成功與否，不要因為我們的心態而使我們自己成為一個失敗者，成功永遠屬於那些抱有平和心態並付諸行動的人。

常人都有欲望，這是合乎常理的，然而需要保持一顆平常心，懂得知足才能常樂，只有經得住誘惑的人，才是笑到最後的人。

在嘈雜紛繁的環境裡，你要時常放鬆自己的心情，只有這樣才能感受到快樂。平靜而清楚地對別人傾訴衷腸，同時傾聽別人的訴說甚至嘮叨，因為傾訴和傾聽都能帶來快樂。

生活猶如大海，時而風平浪靜，時而波濤洶湧。平靜時的快樂，艱辛時的痛苦，快樂與憂愁夾雜在一起，或許會使你更加樂觀向上，亦或許會使你消極自卑。掌握好心中的那桿秤讓它保持著平衡的狀態，無論在享受中和痛苦中都能得到身心上的舒展，精神上的力量。建立起一道堅實的心理防線，在快樂時盡情地享受，遇到困難時坦然面對，微笑著接受每一次的挑戰。放鬆自己的心情，無論成功與失敗，都能平靜面對，不讓勝利衝昏頭腦，也不要讓失敗影響情緒，學會用一顆樂觀的心，突破重重阻礙，使自己的生活不再因為困難而退縮，因為悲傷而失望，而是時時刻刻保持好心情。

感受生活的點滴，讓充滿壓力的生活變得輕鬆些，放鬆自己的心情，釋放自己的身心；尋求寧靜，尋求一種美好的生活方式；走進寧靜，走進心靈的陽光地帶；品味寧靜，品味一處與眾不同的人生。

忘記過去意味著成功

當我們在人生的道路上步履蹣跚，一次次迎來朝霞的同時又一次次送走夕陽，我們所要做的是回顧昨天，把握今天，憧憬明天。在昨天的日子裡，我們可能擁有快樂與成功，亦可能遭受挫折和失敗。然而對於昨天那個日子，今天理應是一個心情的驛站。

如果昨天的日子有創傷，應該學會忘記。忘記那些生活中的不愉快，忘記那些曾經的傷害，拋棄所有的怨恨和痛楚，給此刻的心靈一個明麗的天空。畢竟，生活的目的並不是讓我們一味地去追憶過去，去體味失敗，去存疑痛苦。昨天的傷痛既然已經過去，又何必對此念念不忘呢？我們現在所要做的是好好把握今天。在今天的時空裡，我們把太多的精力交給昨天的傷害和失敗，也就意味著剝奪了我們今天可能擁有的成功與快樂。

生活的畫卷應該是多姿多彩的，每個人手中都握著一支七色筆描繪著自己的人生。是五彩斑斕還是灰暗？完全掌握在自己手中。昨天永遠屬於過去，重要的是今天，是今天的不再錯過，不再失誤。抓住今天是我們最明智的選擇。給今天一份好心情，我們才可能熱愛生活，創造生活，從而發現生活的每一處美麗，我們也方可擁有成功和快樂。

請嘗試下面的辦法，能幫助你排解憂鬱，忘記不愉快的過去。

一、讓鬱悶停止

停下手中的工作，閉上眼睛，左手大拇指和食指使勁捏在一起，同時快速數到十。然後再用右手做一次，重複六次。這種在精神上擺脫你面對的問題的方法能使你頭腦清醒。

二、找合適的對象傾訴

找一個臉皮厚的朋友，讓他在特殊情況下，能容忍你在言語上侮辱他，並保證你也會在同樣的情況下幫助他。如果沒人願意的話，就找個安靜的角落大罵幾句。只要保證你的發洩簡短、私密並有一定控制就行了。

三、換上一套休閒的服裝

這會讓你感覺到一股運動氣息，更自由、更輕快、更開朗。

四、破壞的力量

將洋蔥剁成碎片，將牛排砸成肉醬，或者將花生磨成粉末。破壞，同時加上創造，這是調整情緒的根本方法。

五、學會忘記

從昨天的抑鬱中走出，以良好的心情善待生活，是生存快樂的必然選擇。把自己囿於過去的灰色情緒中，無疑是用自己的雙手囚禁了自己的今天和明天，也扼殺了自己的成功和快樂。學會忘記吧！忘記過去曾經有過的不愉快，給自己一個良好的心情去把握今天，憧憬明天。

智慧品人生

上蒼賜予你寧靜，讓你接受你不能改變的事物；上蒼賜予你勇氣，讓你改變你能夠改變的事物；上蒼賜予你智慧，讓你明白事物間的差別；在心靈與存在之間，在思想與現實之間，你一定能掌握一種平衡的力量。你是一座意志的高山，俯瞰發生的一切。你是一個忍耐的海洋，能容納下萬事萬物。這是一個放手的時刻，放掉一切妄想、墮落與懈怠。這是一個接受生活給予的時刻，這是一個不斷採取行動使自己邁向成功的時刻！接受已經發生的過去，改變能夠改變的現在和明天。

第三章 修身養性，心隨意動——愈放下境界愈高

放下是心靈的本質，是一個人修身養性的基礎。何時放下，何時能獲得輕鬆。人生，其實是個修身養性的過程，就像練氣功一樣，不能有半點的私心雜念，否則很容易前功盡棄。人生不如意十有八九，生活的瑣碎，羈絆著人們前進的步伐，若想獲得成功，就要排除私心雜念，甩開無用的包袱，不斷向前探索，求你所求，人生才會不同凡響，你的修身養性也就到達了頂峰。

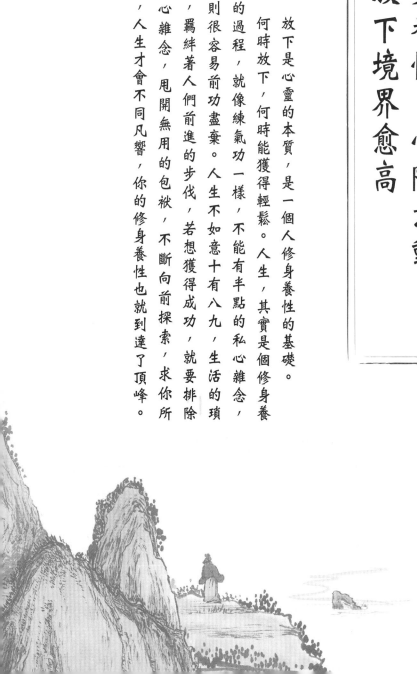

1．放下，修身養性的最高境界

忍，不是修身養性的最高境界，修身養性的最高境界是放下，放下心頭的那把刀，就不用忍了。否則，那把刀遲早要開殺戒，不殺人就會殺自己。放下了，也就無所牽掛了。

放下是心靈的本質

在內心轉變的過程中，我們要有勇氣放下每一件曾經太過堅持、急於求成的事物，放下過去的偏見、現在的執著、未來的野心，還要具備更多的勇氣棄絕傲慢、惡習、自私自利，還有凡事都要滿足自我欲望的心。

這聽起來好像是一項很艱巨很難完成的任務！你或許還會懷疑，假如我們真正放下一切事物，一切已無足輕重，那麼活在這個世界上還有什麼意義可言？還有什麼是值得我們去追求的？

或許我們在害怕放下所有之後，將會一無所有，一切都將歸零，生命從此不再熱情，生活也從此不再精彩，甚至人生將徒留空虛和遺憾……但是，反過來想想，當我們試著在放手退讓的那一刻，獲得的心靈自由與愜意卻是滿滿的，超乎意料的輕鬆自在。

世間之事，紛繁蕪雜，假作真時真亦假，真作假時假亦真。陶淵明有詩曰：「結廬在人境，而無車馬喧。問君何能爾，心遠地自偏。」這是一種難能可貴的「安心」。

從嬰兒、孩童、青少年到成年，人們必然是因為不斷地放下，才能讓生命蘊藏更大的智慧。

當我們安下心來，便可以清楚地瞭解，自己不再是生命中所有事物的主宰、占有者，自己的房子、財產，甚至是家人、妻兒，也只不過是暫時屬於自己而已。這一切的自然關係，如若不能放下，以良好的心態來看待，就將演變成愚蠢的掠奪戰爭。

人生是一段苦旅，一路走來，酸甜苦辣，滋味百般。那該如何珍重自我、修身養性呢？其實，修身養性最重要的是要學會「放下」，唯有如此，才能活得自在。

比起曾經的歲月，我們現在的時代發展步伐要快得多了，為自己安排一些時間修身養性，似乎成了一種奢望。日常生活和工作中的諸多壓力、困惑，往往會讓人深陷其中，不能自拔。只有懂得放下的人，才能修身養性，最終成為生活的強者；而整日忙碌不休的人，收穫的往往只是焦慮和疲憊。做人，要想洗去心靈的汙垢，必須要學會放下。

放下雜念，陶冶情操

現實中，人往往會感到活得很累，甚至為此付出不同程度的代價，其實這都是心雜的結果。看到別人住別墅，便歎息自己只有數十平方公尺的住房；看到別人坐豪華跑車，便歎息自己還是自行車族；看到別人官至廳處級，便歎息自己還是科員級；看到別人年薪上百萬，便歎息自己只有數萬元的月薪。

隨著人們心思的日益複雜化，人就如同捲入一個紛繁複雜的「江湖」。人們隨時面臨著矛盾，面臨著挑戰，面臨著抉擇，成功或失敗，存乎一念之間；選擇或放棄，敲打著每一段神經。

對於「名」和「利」，人們已愈來愈麻痺，心事也愈來愈重。人們拋不開，更放不下。想想，一個人心中長期充滿著欲望，充滿著雜念，充滿著牽掛，又怎能活得輕鬆呢？

煩惱與雜念就像野草，要想除掉，只有一種方法，那就是在上面種莊稼。同樣，要想讓心靈無紛憂，唯一的方法就是用美德占有它。自省、自修，自我提升，保持高貴豐盈的心態，那些雜草自然就會銷聲匿跡。

想要達到修身養性的最高境界，絕非一時之功。堅持的時間愈長久，境界愈高，心愈靜。久而久之，習慣成自然，自然不知不覺中就會變成日常行為了。什麼時候變成日常行為了，什麼時候就達到了修身養性中「養」的境界了。

修身養性通過「修」，通過長時間的「養」，就會從根本上改變你的本質，變不可能為可能，達到人生的一個質的變化，是過去自己的昇華版，是完完全全的改變。修身養性的過程就是一個脫胎換骨的過程，是改變舊我，放棄舊我，創造新我的過程，並且這個過程就是不停止且不斷昇華的過程。如果中途稍有鬆懈，便會前功盡棄。

智慧品人生

人們無論做什麼事情之前，最好先做一番思考，不起貪婪之心，不要因為一時之癡迷，而不考慮事情會產生什麼樣的後果，所以做事首先要謹慎和慎重。如果尋求不必要的煩惱，必然不會有什麼好處，要有那種「美人捲珠簾，深坐顰蛾眉」，否則「窮人低倚窗，靜立思古今」的淡然心境。

2·有一種養心方法叫放下

一個「放」字，千般哲理。運用得好，就會使複雜的生活回歸簡單，紛亂的思緒回歸明晰，浮躁的心境回歸淡然。「放」作為生存之態，是化繁為簡後的睿智，是畫龍後的點睛，是深刻後的平和。正如梭羅所說：「一個人愈是有許多事能夠放得下，他就愈是富有。」

學會放下，才能養心

著名詩人白居易有一次去拜訪好友，問道：「請問，做人的道理是什麼呢？」好友回答：「諸惡莫做，諸善奉行。」（也就是劉備臨死前告誡兒子阿斗的「勿以惡小而為之，勿以善小而不為」的意思）

白居易聽了大惑不解，因為做人的道理都是很玄乎深奧的，於是就有些失望地說：「三歲小孩子都知道這個道理。」好友笑了笑說：「三歲小孩易，八十老頭難！」其實，做人的道理誰都知道，但要做到而且是一輩子堅持就很難！這就是養心之得。

修身養性，聖人之追求，但修身必先修其心，分對錯者必知善惡，分善惡必定知其可為不可為。修心之人，最怕的就是放不下。明知對錯，為世事而放不下；明知善惡，為環境而放不下；明知可為與不可為，為名利而放不下。誰都想真正修心，但若諸多放不下，讓其束縛於心，又怎能修身，何談修心？

人生在世，放不下的東西有太多太多：有了功名，就對功名放不下；有了金錢，就對金錢放不下；有了愛情，就對愛情放不下；有了事業，就對事業放不下。這些煩惱與壓力，使很多人的生活變得非常艱苦。

如能清心寡欲便會輕鬆自在，隨遇而安便能自得其樂，放下就是解脫，只有放下，生活才不會那麼繁雜，從而才能變得簡單快樂。

放下，實在是最好的修心之道。

放下即是養心

現實生活中，困擾人們的不是當下的生活，而是人們放不下的心靈。有些事之所以放不下，就是因為人們心中的雜念太多。只要我們日日更新，時時自省，就會擺脫世俗的雜念，擺脫困擾。只要我們用心去做，不論我們身處何地，都能夠保持一份安靜平和的心態。

在人生漫漫旅途中，有很多東西已經失去，然而失去就讓它失去吧！因為失去有時也是一種美麗。社會競爭很激烈，我們在追逐事業的同時，還要想辦法保護我們已經取得的成績。很多人會抱怨，我們太累了，殊不知，我們應該學會解除這些束縛，給自己減壓，讓自己活得輕鬆，活得快樂，這就需要有一顆平常心了。

一個人能達到心靜的境界，就不會迷茫，但是很少有人做得到，因為在這個世上有太多太多的誘惑，像是：更高的薪水、更高的職位、更好的車、更先進的美容技術、更高級的名牌奢侈品……這些都是人的欲望所求，很多人是根本放不下的。

雖然我們不可能完全拋開世間之事，但有一點是要做到的，那就是不被外界環境所干擾。我們要清楚地知道什麼才是自己所要的，而什麼是盲目在追求的，是毫無意義的。如果有太多的東西放不下，這些重擔與壓力，會使很多人生活得非常艱苦。人要學會放下，如果對於一切事物都能泰然處之，我們就能擁有悠然、快樂的生活。

世間萬物變化多多，我們不必執著於心愛的事物而難以割捨，我們愛一種事物的初衷，並不是為了失去它時要傷心。失去的就讓它失去，何必執著？唯有放下，才能解脫。

擁有者偶有的快感，或許只在看到擁有物的那一瞬間，但那一瞬轉眼即逝，而因擁有所產生的恐懼感卻一直存在。所以，擁有太多的東西，有時會成為一種負擔。當然，只要有一種良好的心態——放下，這種負擔感就不會存在了。

智慧品人生

如何待人處世就是你的命運，也就是說，你的命運是自己掌握的。人世間沒有無緣無故的愛，也沒有無緣無故的恨。所謂君子之交淡如水，與朋友之間交往過分了，就要付出代價。名利恩愛盡量看淡一點，少一些執著，少一些約束，也就會少一些煩惱。擁有一顆平常心，知足常樂，放下就能解脫。

3．放下，也是一種美

生活中我們要學會適當放手；愛情中我們也要學會適當放手；為人處世中我們也要學會適當放手！因為，放手有的時候也是美麗的！

放下，美麗就在背後

放下也是一種美！只有學會了放下，你才能更好地拿起！

孟子曾云：「孔子登東山而小魯，登太山而小天下。」也就是說，人站得愈高，視野就愈廣闊。隨著視野的轉換，人們對人生也會有新的領悟，站在某個時間或空間來看，整個人類也不過是歷史長河的匆匆過客，更何況每一個人和每一件具體的事呢！

有些人總在感嘆時運不濟、造化弄人，為什麼老闆沒有提升我？為什麼沒有人愛我？為什麼我愛的人會離我而去？為什麼不幸的事情總會發生在我的身上？為什麼別人總是事事針對我？為什麼幸福離我那麼遙遠……

每個人的一生都不可能是一帆風順的，有成功也有失敗，有高潮也有低谷。面臨困境時你是怎麼做的呢？哀歎老天的不公、埋怨自己的不爭氣、指責別人的過錯嗎？放下吧，把這一切都放下，把那些不屬於自己的東西統統放下，沒有必要背負這些沒用的東西繼續前行，那只會變成自己的負擔和障礙。

無論任何時候，我們都有選擇的權利，選擇放下還是背負。適度地放下，挺直腰身會比彎腰看得更遠，看到更多的可能性，從而有利於自己重新作出選擇，信心百倍地投入到新的生活之中，感受生命的豐富多彩。

放下能使人變得寬容，把奸臣小人視為粉塵；放下是一種睿智，使人感受到休憩的調整和策略的機靈；放下是波峰之前的波谷，漲潮前的退潮，有了波谷才會有波峰的出現，有低潮才會有高潮的到來。

放下是生活中必不可少的一種心態。天有四季，並非都適宜耕種，春種夏長秋收冬藏，知與時進退，方自得其樂。放下可以使生活多一些色彩，多一些感覺。不必為過去的得失而後悔，不必為現在的得失而煩惱，也不必為未知的未來而憂愁。

學會放下，你會變得更加快樂、更加美麗起來。因為美麗就在放下的背後藏著。

學會放下，才能發現美麗

有一個盲人在過一座小橋的時候，橋突然塌了，他在情急之下抓住了一根橫木。由於眼睛看不到，他想像著自己腳下是萬丈深淵，於是便大呼救命，生怕摔下去會粉身碎骨。

這時來了一位老者，告訴他：「只要你放開手，放開就是平地。」但盲人想的都是可怕的後果，緊緊抓著不肯放手，直到筋疲力竭堅持不住時方才鬆手，果然一下子就落在了平地上。原來，他的腳離平地不過一尺多高。

其實，放下是很簡單的，只不過不懂得去嘗試放下，不願意花時間（哪怕是一分鐘）去停留欣賞風景。更何況每個人都有屬於自己的生存空間，要放棄那些賴以生存的東西本就是一種痛苦，怎麼能說放下就放下呢？

人生在世，被諸多事情所牽絆是必然的，要立刻放下並非易事，但放下並不是要放棄，也不是將其他事情置之不理，而是放下束縛心靈的事情。修身貴在修心，只有學會放下，讓心靈得到解脫，才是真正的修身養性，才會清靜地去觀看那些圍繞在身邊的美。

學會放下是一種心境，懂得放下是一種修養，適時放下是一種自在，只有會放下的人才會發現世事的美，才會驚歎曇花一現的美麗，才會駐足柳抽新芽的清新。要想達到修身養性的最高境界，非放下莫屬。

在喧鬧的都市裡生活慣了的人們，要放下周遭一切談何容易，所以也就沒了一份駐足美麗的心，也就少了一份放下的勇氣，少了一份修身養性的定性。該放下的始終要放下，不管再怎麼努力，不屬於你的始終不是你的。

學會放下，發現其美，就會發現原本困擾自己的事情根本微不足道，就會發現原本刺眼的陽光給自己照射出的美好，也才會發現那些阻礙自己的困境，其解決之道其實就在自己背後。

智慧品人生

人在不斷成長的過程中，想想那些失去的、錯過的人事物，也許那些你不曾擁有的並不是自己真正需要的，越過了這道坎，渡過了這條河，會有更好的等著我們。

生活中沒有什麼不能放下的。放下了，仰望天空，天仍是那樣藍，陽光依然燦爛，環顧四周，花依舊嬌豔，歌聲仍然曼妙。放下吧！美就在身邊。

4・多一物多一心，少一物少一念

人生在世，多一物多一心，少一物少一念，不要為外物所拘，心安理得處，就可明心見性。

簡單、平淡即是福

有一個漁夫和一個富翁在河邊曬太陽。富翁問漁夫：「你為什麼不去租條船，搞海運呢？」

漁夫問：「然後呢？」

「然後就可以做生意賺很多錢啊！」

「再然後呢？」

「你就可以買條船，建立自己的商隊。」

「接著呢？」

「接著你就發財了，和我一樣成了富翁。」

「成為富翁又如何呢？」

「成了富翁以後就可以悠閒地在河邊曬太陽。」

「我現在不正在悠閒地曬太陽嗎？」漁夫最後反問道。

「不拘於物」是一門學問，需要有大智慧，需要有大捨棄。智慧會讓我們生活得快樂且充實，捨棄會讓我們生活得輕鬆而無羈絆。不要顧忌捨棄而拒絕簡單的生活，那樣的話，你將不堪重負，顧慮重重，心力交瘁……「不拘於物」的內涵在於拋卻雜念，平淡生活。

生活就是過日子，因此沒必要繞太多的彎子，彎子太多會加重你的負擔，影響你的情緒，導致惡劣的結果。其實，只要你夠純粹，把握住人生最重要的，你便會覺得前景一片廣闊。錯過了太陽，不是還有點點的繁星嗎？

有的人對生命有太多的苛求，弄得自己生活在筋疲力盡之中，從沒體味過幸福和欣慰的滋味，生命也因此局促匆忙，憂慮和恐懼時常伴隨，一輩子實在是糟糕至極。

做人須知月圓月虧皆有定數，豈是人力所能改變的？不如放下，給生命一份從容，給自己一片坦然。我們這輩子可能過得較為平淡、清貧，可能過得不聲不響，沒有輝煌。但也許，這正是我們的幸福所在。珍惜這種平淡和清貧，珍惜這種不聲不響的幸福。在人生長河中，拋卻利益壘成的重負，事業之舟才會少一份累贅，少一份羈絆；在滾滾紅塵中，割捨掉榮譽編織的花環，心靈之旅才會多一份從容，多一份動力。

人這一生，誰也帶不走的是財富，誰都能留下的是名聲，人不能把金錢帶進墳墓，金錢卻能把人帶進墳墓。英國心理學家威廉曾說過：「成功、事業、名利、權勢等精神方面的支柱，可以使人突飛猛進地發展，達到某種領域的巔峰，獲得人生的幸福和快感，但同時也可以把人擊垮，徹底地毀掉一個人。」中國哲人王雨生也說過：「刻意追求輝煌人生者，其一生中會有一萬個不如意；而樂於過平常生活的人，其一生中會有一萬個滿足。」

對於外物的追求和刻意的執著，是人生痛苦的根源。學會放下，不拘外物，會另有收穫。超越外物，就是超越自我，無物無我，自己的心境也就不會隨著外物的變化而波動，正所謂「進亦憂，退亦憂」，不假於物，才能造就自我。

智慧品人生

人生在世，多一物多一心，少一物少一念，不要為外物所拘，心安理得處，就可明心見性。人想要自由地棲居，必須放得下繁華，耐得住寂寞，若是心戀浮華，不捨喧囂，那就終不得心靈的安然。

5．凡事帶有幾分禪心，就會有所悟有所得

有時候，總覺得放不下一些事情，那只是因為心中有太多的雜念。困擾我們的是自己的心靈，而不是當下的生活，如果能以一顆平常心去對待生活中的一切，就會祛除心中的雜念，享受一種不平凡的人生。

禪心三字：真、善、美

禪只有三個字，即真、善、美！真、善、美總是令世人嚮往的。世人都渴望事事做到盡善盡美，做人也考慮面面俱到，但世無完人，這樣做只會累死自己，並讓你深陷於一種無法超越的心理負擔中。

古時候有一對父子，一天，兩人趕著一頭驢進城，子在前，父在後，半路上有人笑他們：

「真笨，有驢都不騎。」父親聽了，便叫兒子騎上驢，自己跟著後面走。走了不久，又有人議論：「這個兒子可真是不孝，小小年紀騎著驢，卻讓年邁的父親牽驢。」

聽了這話，父親馬上把兒子抱下來，自己騎上驢背。走了一會，又有人說：「這個人真是狠心，自己騎驢，讓孩子走路，也不怕把孩子累壞了。」父親聽了，又連忙叫兒子也騎上去，他心想：這下總該沒人議論了吧！誰知沒走多遠，又有人說：「這驢真可憐，如此瘦的身體要承受兩個人的重量。」

沒辦法，父子倆人只好把驢子的四隻腳綁起來，一前一後用棍子扛著，以為再也沒有人議論了。在經過一座橋時，驢子因為不舒服，掙扎了一下，誰想就這樣淹死在河裡了！

生活中，很多人無論做人、做事都太過於在乎別人的看法，人家講什麼，他就聽什麼！結果都得到了或輕或重的教訓。

其實，何必呢？只要你認為是對的，就堅持去做，可以參考他人的意見，但卻沒必要一味地聽任別人的指揮！給自己少一點壓力，才能活得輕鬆自在。

生活是美好的，為什麼卻把自己活得很累，真的是生活中充滿了煩惱和痛苦嗎？或許，只是人失掉了一顆禪心。

智慧品人生

人們往往不肯讓自己的內心有一刻清靜，一天到晚總是不停地忙著，身累心更累。究其根源，無非是欲望深重而又無法實現而已。人生短促，與其背負著一身的欲望而痛苦著，不如放下貪執，瀟灑地欣賞人生路上的美好風景。

6．懂得放下，擁有一顆真正的平常心

平常心不是不求進取，平常心也不是消極。平常心是一種境界，平常心是積極人生，平常心是無私奉獻。在面對得失、成敗、勝負時，要時時提醒自己與眾人保持平常心。平常心，不可無，不可變，更不可丟。用平常心看待不平常事，則事事平常。平常心正因為「平常」，所以「總不平常」。

感悟平常心

平常心即無貪欲的心，平常心是擺平自己的心，沒有高低起伏的情緒，無是無非，平常心如水，水在高處是平的，在低處也是平的。古人有言：「平常心是道」。這句話的大意就是說：要眠即眠，想坐就坐，熱時取涼，寒時向火，沒有任何矯飾，得失毫不縈心。如果刻意追名逐利，有心造作攀求，終日患得患失，就會喪失平常心的和諧性、平衡性，從而轉化為異常心、反常心。

人們常常不是在成功的掌聲鮮花中變得飄飄然而止步不前，就是在失敗的打擊中變得心灰意冷而一蹶不振；不是在贏了的時候目空一切得意忘形，就是在輸了的時候萬念俱灰垂頭喪氣；不是讓榮譽成為包袱而變得患得患失畏首畏尾，就是用一時的屈辱將自己整個人生塗得一片漆黑……儘管各不相同，皆因缺少了一顆平常心，既拿不起，又放不下；既贏不得，又輸不起。心境失去平靜，生活失去平和，整個人生就像那老式座鐘上的鐘擺，永遠不得安寧地在兩極情緒間起落掙扎，品嘗著綿綿無盡的焦慮與惶恐、無奈與苦澀、疲憊與怨怒、失落與惆悵。這種人如同背負著沉重的包袱趕路，總是活得氣喘吁吁。

其實，如果你深入想一想，成敗得失都有其自然法則，毀譽褒貶皆為平常的道理。只要懷著一顆平常之心，我們就能做到豁達而不失節制，恬淡而不失執著，寧靜而不失勤謹。

世界上任何一個人在人生旅途中，都不可避免地會有得意，有失落，有成功，有失敗，人的情緒和心境，也會隨之起起落落，大喜大悲，一下子迷茫無助，一下子又柳暗花明，一下子前途無量，一下子又萬丈深淵。如果懂得這一切都是組成完整人生必不可少的內容，人生大起之時，也是下落的序幕，人生落到最低谷，也是積蓄力量醞釀大起的前奏，保持一顆平常心，只有這樣才能迅速地調整好自己。

炒股虧了，是因為這種事情本身就有風險，盈虧都不是意外；愛人掙錢比別人少，無職無權沒關係，只要你們依然有愛就好；長官提拔了別人，你應該多發現別人的長處，多找找自己的不足，然後加倍努力，用更好的工作成績、更認真的工作態度去贏得主管與同事的認同……

既然生活賜予了我們憧憬明天的權利，我們就應該常懷一顆平常心，正確對待得失，帶著希望上路，享受生命或艱險或平順的每一個過程，活出一個完整而真實的自己！

平常心就是那一股恬淡灑脫、氣定神閑的心態。「寵辱不驚，看庭前花開花落；去留無意，觀天上雲卷雲舒。」擁有一顆平常心，如同擁有一台美妙的豎琴，讓我們的心靈沉浸在歡欣、激昂的樂曲裡；宛如向我們的心靈世界播撒陽光、雨露，滿溢波濤與浮光；宛如我們的心純淨澄碧，融於自然萬物中，與浪花、波濤共舞。所以，讓我們以一種平常恬靜的心態去品味與珍惜生活中的酸甜苦辣，去滲透與超越人世間的功名利祿，於平凡之中做出不平凡的業績，從而獲得瀟灑充實的生活，享受人生的最高境界。

用平常心給自己一個無壓力的人生

只要壓力適度，承受力就會變強，適應性也會變得越來越好，輕鬆前進，變壓力為動力——這正是「輪胎」的特點，那麼，面對壓力，我們就來做一隻最好的輪胎吧！氣不足，就打點兒；氣太足，就放掉一點兒，無論在哪裡使用，什麼樣的路面，輪胎都要能夠適應，並且跑得輕鬆愉快。對自己說：我一定要做一隻最好的輪胎，還要有「備用輪胎」——這就是面對壓力的平常心，以平常心來營造一個無壓力的人生。

如果一個人的心理壓力過大，就會產生焦慮、憂鬱、恐懼和緊張等不良心態，使人的能力和潛力不能充分發揮，陷入惡性循環，從而損耗人的精力和時間，甚至還會危害到人的身心健康。「天下本無事，庸人擾之而煩耳。」作為世界上最高級的智慧生物——人，我們狹小的心靈空間不是用來裝不愉快和煩惱的，我們脆弱的神經不是用來承受一次次無端打擊的。

如果你總是把心理負擔背負著不肯放下的話，那麼遲早會支撐不住，因為那些負擔會變得越來越重，最後把你壓倒。在這個世界上，沒有什麼是放不下的，把該放下的東西放下來，用一顆平常心來面對工作、學習和生活，那麼，生活才會充滿陽光，日子才會充滿歡愉。

人生在世，長長短短，聚聚散散，不是每人處處、事事、時時，都能通達到完美。人，一定要有一顆平常心。「得而不喜，失而不憂。」平常心、平常態，才是人活世間的至高境界。平常心是清靜心，是光明心；平常心是敬業心、正直心。扔掉那些背在身上不該背著的東西，還給自己一份灑脫、一份質樸，用平常心給自己一個無壓力的人生。

智慧品人生

只有當你真正地放下，用平常心去對待，才會展現出最完美的狀態。「饑來則食，睏來則眠。」既平常又不平常。同平常，仍與常人一樣，餓了就吃，睏了就睡，高興就笑，傷心就悲；不同平常，使生命更加真誠、清澈，了無心機，隨緣而往，不矯揉造作，不怨天尤人。其行為和心境平常又不平常，不平常又平常。

7．放下雜念，享受人生

有些事放不下，是因為心中有太多的雜念。只有心不動，才不會受到外物的影響；只有放下雜念，才不會被世事所迷惑；只有放下身上的負擔，才能找到心靈的家園；只有放下雜念，才能真正地享受生活。無論在何處，都要保持一份安靜平和的平常心。

放下雜念，享受真實人生

做人，做個堂堂正正的人其實很容易，只要我們調整自己的心態。

一天，多年未見的朋友來到居里夫人家做客，忽然，朋友看見夫人的小女兒正在玩英國皇家學會剛剛獎給她的一枚金質獎章，大吃一驚，忙問：「瑪麗亞，能夠得到一枚英國皇家學會的獎章，是如此高的榮譽，你怎麼可以讓孩子拿著把玩呢？」

居里夫人笑著對朋友說：「我只是想讓孩子從小知道，榮譽就像玩具，只能玩玩而已，絕不能永遠守著它，否則，永遠都將一事無成。」

「名利、聲望」是許多人想得到的，有的人用畢生的時間去追求它，但是卻得不到它。一味追求名譽的人想讓人家看到他的長處，其結果偏偏只讓別人看到了他的短處。像這些為「名利、聲望」所驅使，不顧自身的興趣與快樂拚命苦幹的人，多半不會留下不朽的遺物。反而是那些追求真理與美善，避開邪想，公然向世俗挑戰並且蔑視它的錯誤之人，往往得以不朽，這是為什麼？「這只是因前者過分順應世俗，而後者能夠大膽反抗的緣故。」哲學家叔本華如此回答。

其實，就「名聲」這個單詞本身而言，有好名聲，也有壞名聲，還有不好不壞的名聲。喜歡好名聲，鄙視壞名聲，這是人之常情。有人稱名聲為人的第二生命；有人認為，名聲的喪失，有如生命的死亡。名聲是一個人追求理想、完善自我的必然結果，但不是人生的目標。一個人如果把追求名聲作為自己的人生目標，處處賣弄自己，顯示自己，就會丟失人類正常的理智。

然而，丟失了正常的理智時，就會迷失自我，不是你想幹什麼就幹什麼，而是名聲要你幹什麼你就得幹什麼。倘若真的如此，人生道路就會陷入迷途甚至步入邪惡之領地。

「人有雜念思慮多，煩惱多半自找尋；如若放下天地寬，事事縈心必苦累。」把自私自利放下，把名聞利養放下，把五欲六塵的享受放下，把貪嗔癡慢放下……

掌握自己的心

從前，有一個懶惰至極的人，想要得到一勞永逸的方法。所以他就進到深山密林裡，找到了一個智者。這個智者告訴他：「我可以給你一個大惡魔，他能為你做任何事情，但千萬要小心，你一定得想辦法使他隨時有工作可做，否則的話，他就會把你給吃掉。」這個人說：「世界上可以做的事情多得是，不必擔心，我會很容易就找些工作給惡魔去做。」在此人的再三乞求下，智者就召喚來惡魔並送給了他。

於是，此人高高興興地帶著惡魔回到了家，他要惡魔幫他建造一棟豪華宮殿，惡魔一下子就造好了。他要幾百個奴僕，惡魔用手指一彈就出現了幾百個僕人。這個人開始有些迷惑了「到底是怎麼回事？」他問到：「我要什麼東西，你就馬上把它變出來，而且甚至還花不了一秒鐘的時間。」惡魔說：「快給我工作做吧！不然我就要把你吃了。」這個人嚇得趕快跑回智者那兒，請智者說明。智者就從自己的頭上拔下一根捲曲的頭髮交給這個人，吩咐道：「把這根頭髮拿去給惡魔，叫他把它弄直。」於是惡魔便開始不停地在弄著這根卷了又直，直了又卷，永遠也弄不直的髮絲。

其實，這個故事只是要告訴我們，每一個人都常常會受到這個惡魔的搗蛋，給它一根捲曲的頭髮，當你控制了這個惡魔之時，同時也是你控制自己內心的時候。

人，很多時候都需要逆向思維。我們在一念之間會做出的事很多，也許一念之間你會喜歡上或愛上某個人，也許一念之間你會作出人生中的一個重大抉擇，也許你此時正在某個十字路口徘徊，不知情歸何方，人歸何處……一念之間，可以造就你，也可以毀滅你；可以讓你生，也可以讓你死。人需放下的，太多太多。控制自己內心，就能放下得越多，所得自然也就越多。

智慧品人生

有些事放不下，是因為心中有太多的雜念。在必要的時候，放下是一條解脫之道！放下就是快樂，放下就是輕鬆！記住自己是獨一無二的、絕不雷同的我。因此，不要在乎別人怎麼看怎麼說，過自己想過的生活，做自己想做的事情，因為，你是活在自己的世界裡，而不是活在別人的嘴巴裡。

8·找到自己喜歡的生活方式

生活是什麼？其實，它只是一種姿態。生活在不經意間自然會成為一種習慣。不要試圖強迫自己去改變，強迫自己去適應周圍人的生活。只要你覺得現在的自己是很幸福的，該怎樣就怎樣，因為一切無需刻意，無需掩藏。自自然然、簡簡單單才能夠得到真正的快樂。

尋找適合自己的

說起快樂，很多人總會情不自禁地羨慕別人的生活，以為那就是最快樂的享受。其實，不切實際地改變自己，不但得不到簡單和快樂，反而會喪失簡單和快樂，徒增麻煩和苦惱。

《伊索寓言》中有這樣一則故事：城市老鼠和鄉下老鼠是一對好朋友。有一天，鄉下老鼠寫了一封信給城市老鼠，信上這麼寫著：「城市鼠兄，有空請到我家來玩，在這裡，可享受鄉間的美景和新鮮的空氣，過著悠閒的生活，不知你可有興趣過來坐坐？」

城市的老鼠接到這封信後，高興得不得了，立刻動身前往鄉下。到那裡後，鄉下老鼠拿出很多大麥、小麥，放在城市老鼠面前。城市老鼠不以為然地說：「原來這就是你說的悠閒生活啊？你怎麼過的是這種清貧的生活啊！住在這裡，除了不缺食物，什麼也沒有，多麼乏味呀！還是到我家玩吧！我讓你見識見識什麼才是真正的悠閒自在。」

於是，鄉下老鼠就在好奇心的唆使下跟著城市老鼠出發了。到了城裡以後，鄉下老鼠頓時張大了嘴巴，看到那麼豪華、乾淨的房子，他非常羨慕。想到自己在鄉下從早到晚，都在農田上奔跑，以大麥和小麥為食物，冬天還得在那寒冷的雪地上搜集糧食，夏天更是累得滿身大汗，和城市老鼠相比，自己簡直太不幸了。

兩隻老鼠互相寒暄了一會兒，城市老鼠就把鄉下老鼠帶到了餐桌上，準備享受美味的食物。突然，「砰」的一聲，門開了，有人走了進來。他們嚇了一大跳，飛快地躲進牆角的洞裡，鄉下老鼠嚇得忘了饑餓。鄉下老鼠想了一會兒，戴起帽子，對城市老鼠說：「還是鄉下平靜的生活比較適合我，這裡雖然有豪華的房子和美味的食物，但每天都緊張兮兮的，倒不如回鄉下吃麥子來得快活。」說罷，他昂首挺胸地回到了鄉下。

這則寓言讓我們看到了兩個不同個性、習慣的老鼠，他們喜歡不同的生活方式，即使都曾經對不同的世界感到好奇、有趣，但是，他們最後還是都回到自己所熟悉的生活圈子中去。

我們在有生之年，也應該接受生活的本來面貌，以自己喜歡的方式生活，所追求的應當是自我價值的實現以及自我的珍惜。當然，你絕不可能讓每個人都同意或認可你所做的每一件事，但是，一旦你認為自己有價值，值得重視，那麼，即使你沒有得到他人的認可，你也絕對不會感到沮喪。如果你把「不贊成」或者「不喜歡」視作生活在這一星球上的人不可避免地會遇到的非常自然的結果，那麼你的幸福就會永遠是自己的。因為，在我們生活的這個星球上，人們的認知都是獨立的，人人都在為自己而活，只是活著的方式不同罷了。找到屬於自己的就足夠了。

當你看清了自己，看清了別人，看清了環境，看清了客觀條件之後，就要堅定地走自己的路，朝著既定的目標勇敢前進，就要「咬定青山不放鬆」，不要因為一些外在的因素而放棄。不僅要有明確的目標，而且要目標堅定，不為外物所動，在當今紛爭複雜的社會中，堅定自己的節操，維護自己高貴的人品，甘於寂寞和寧靜，不為錦衣玉食，高官厚祿所動，而是淡泊明志，堅定自己的生存方式，以自己所喜歡的生活方式生活，才是人中精品，智者中的智者。

保持自己的本色，快樂最重要

有些人認為擁有無數金錢，讓自己躺在金錢的懷抱裡盡情享受，什麼也不做，便是一種幸福；還有人認為自己擁有了很多自由支配的時間，便是一種別人無法理解的幸福；年輕人認為能在自己喜愛的事業上拚搏出一番驚人的成就，便是一種幸福；老年人認為能長時間與自己的兒女生活在一起安享晚年，便是一種幸福；也有人認為同時擁有金錢與時間，便是人世間難得的幸福；還有人以為能永遠與自己心愛的人在一起，便是一種無可替代的幸福……人們對幸福的理解可謂千變萬化。

西方哲學家說過：「世上永遠不會有兩片完全相同的樹葉。」即便人與人有著如何的相似與相近，但本質上卻還是有著完全的不同。因而誰也不可能讓別人取代了自己或自己取代了別人，因為別人眼裡的幸福不一定就是你的幸福，適合你的也不一定適合別人。

有個生活十分富裕的女人，她總是在感嘆自己生活的種種不如意，她說：「誰願意用一百萬元來換十年的青春？我會出錢」可是時間怎能倒流？誰又能成為她的賣主？想通之後，她不再抱怨什麼，而是立足現實，靜下心來享受屬於自己的生活，白天的上班時間自由自在，業餘時間與朋友同學聚聚會、旅旅遊、聊聊天。自此之後，她活得有滋有味兒，無論哪個朋友見到她都說她好像一下子就年輕了十歲。

簡而言之，適合別人的不見得就適合你，你眼中別人的幸福，或許於別人來說正是一種苦難也未可知；而你擁有的或許正是別人羨慕的，雖然或許暫時困難重重，但畢竟是暫時的，只要你目標明確並為之努力，幸福或許就在不遠的地方向你招手。找到最適合自己的生活方式，活出自己的味道，哪怕再苦再累也是甜的。難道不是這樣嗎？

智慧品人生

忙碌的生活或許掩蓋住了太多的衝動，可是即使再忙碌，也應該時常整理自己的思緒，不要讓它變得麻木，要讓它依然充滿活力，變得年輕。保持自己的渴望，在一個合適的時間裡，去放飛自己的情懷，別讓它在不經意間悄悄地滅亡。

第四章

絢爛情感，淨化心靈——愈放下愈多姿

走過的歲月沒有回程，錯過的情感只能放下。許多事即使回頭也無法改變，許多人註定相遇而不能相愛，或許唯有如此，才顯珍貴，才能珍惜。

學會「放下」的藝術，在感情中受的痛苦才會成長，若你認為你是「放下」，那你只是放下愛情，若你認為你是「失去」，那你就是失去自己。學習掌握愛情的尺度，拋開悲傷的回憶，那麼逝去的愛情對你而言，是重生的開始！

1．放下，給自己自由

愛過你的人，使你肯定自己是值得被愛的；你暗戀過的人，則讓你學會在遐想中自我滿足；即使一些離你而去的人，他們的出現也是很有意義的，他們讓你學會放下，給自己多一點自由的空間，面對新的開始。——《真愛要用心去追求》

放下就是快樂，忘記就是自由

都說人是感情動物，可是感情耽誤了我們多少事情，使我們做出多少傻事，它擾亂了我們的心境，致使工作浮躁、家庭無趣……讓你總是為所謂的「愛」而心神不寧。很多人都無法放下已逝的感情，因為依戀，因為習慣，因為回憶……這一切都阻止我們去學會「放下」過去的種種！

女孩原本生活在一個平靜的世界裡，過著平凡的日子。有一天，上天賜給她一份愛情，突然有一個男孩闖入了她靜如止水的世界，她接受了那個男孩的表白。

當她和男孩相處的時候，她覺得男孩是一個可以相信、值得依靠的人。感覺告訴她，她已經深深地愛上了他。他對她好，愛她，疼她，寵著她。經過一段時間的愛情磨合，女孩已經把自己的感情全身心地投入在男孩的身上，於是她一心一意，執著地愛著他。

但是事情並不像她想像中的那樣美好，就在她愛得無法自拔的時候，男孩終於露出了真面目。原來，那男孩不僅在年齡上欺騙了她，還在感情上欺騙她。他居然還有一個同居一年的女朋友。當女孩知道真相之後，她真的不敢想像，曾經的他和現在的他竟是同一個人，那一刹那間女孩從天堂掉進了地獄。

更讓人可恨的是，男孩為了和自己的女朋友和好如初，竟然讓女孩出面向其解釋說：「他真的很愛妳，和我在一起的時候他總是提起妳，他從來沒有像對妳那樣對我好，所以請妳原諒他。」她這一句話勝過別人的十句話，他們又重新開始在一起生活。

雖然女孩用了半年的時間才忘記那段短暫的愛情，但她已徹底拋開了那段痛苦不堪的回憶，是放棄讓她重新撐起了自己的一片天空，是放下使她能自由地飛翔。如果不懂得「放下」，女孩難免會成為一個怨婦，到頭來累的只有自己，苦的也只有自己。

痛後方能成長，放下方知來日方長。不要膽怯，不要傷悲！學會「放下」的藝術，放下就是快樂，忘記就是自由。

放棄愛情，將獲得自由

放棄悲傷，將收穫快樂；放棄痛苦，將獲得幸福；放棄寒冷，將收穫溫暖；放棄軟弱，將獲得堅強；放棄愛情，將獲得自由……有時候，人確實應該學會放棄，畢竟這個世界上有許多東西並不屬於自己。

他或者她也許只是我們生命中的一個過客，匆匆而來，而後又匆匆消失。為什麼我們一定要去挽留，有些人，是你欲留而又留不住的，曾經擁有過就是最美，不如讓那一段往事，留在記憶中，用剩下的時間去回味。

愛情與自由就像一個蹺蹺板的兩端，你高我必低，有取得必然會有放棄。兩個人只要能在中間找到一個平衡點，活得開心自在，那就是愛情裡最大的自由了。

如果在談戀愛的時候，除了男朋友，妳連見別的男生的機會都沒有，這樣的愛情是不會幸福的，因為妳連基本的自由都沒有……這是自由的問題，也是信任的問題。給予足夠的信任，那就是自由的空間。相愛必然會互相影響，互相約束，有了愛情就必然會少了任意的自由，想要任意的自由那就根本得不到真正的愛情。

然而，「生命誠可貴，愛情價更高，若為自由故，兩者皆可拋」。愛情不是生命的唯一，更不會比生命「價更高」。我們不像在革命年代那些為了爭取全人類自由的人，他們享受的自由必須由拋棄愛情、生命換來。那麼，當我們擁有著自由時就不要不以為然，因為不必拋棄生命就能擁有自由是何等幸福的事！

智慧品人生

也許你會被梁山伯和祝英台的愛情感動，會為羅密歐與茱麗葉的愛情而流淚，但絕不要仿效他們為愛殉情，這是對家庭、對社會的一種不負責任的做法。我們的生命不僅只屬於自己。家庭的責任，社會的使命，不允許我們這樣。如果我們放下尊嚴，放下個性，放下固執，都只是因為放不下一個人，那麼不如學會放下，給自己多一些自由的空間！

2・緣分不可強求

當愛情來了，要學會把握；當愛情淡了，要學會放下。——《真愛要用心去追求》

緣分不可強求，是聚是散都應隨緣

緣分，一種美妙的感覺，源自於心靈的契合，可遇不可求。有時，它與你擦肩匆匆而過；有時，深情款款地向你走來。就算詞窮墨盡，亦無法形容描寫得酣暢盡致。

有些人天天相見，卻只是淡淡的點頭之交。有些人，素未謀面，初見卻能產生共鳴，彼此心心相印。一次美麗的邂逅，這是緣分。緣起，誰也阻擋不了；一次無意中彼此悄然錯過，這是緣分，緣滅，誰也留不住。

從前，有一名秀才和未婚妻約好要在某年某月某日結婚。但到那一天時，他的未婚妻卻嫁給了別人。秀才因經不起打擊，一病不起。家人用盡各種辦法都無能為力，眼看他已經奄奄一息。這時，路過一個雲遊僧人，得知情況後，決定點化一下他。

僧人到秀才的床前，從懷裡摸出一面鏡子叫他看。秀才看到茫茫大海，一名遇害的女子一絲不掛地躺在海灘上。路過一人，看一眼，搖搖頭，走了……又過一人，把衣服脫下，給女屍蓋上，走了……再路過一人，過去，挖個坑，小心翼翼把屍體掩埋了……疑惑間，畫面切換，秀才看到了自己未婚妻的洞房花燭，被她丈夫掀起蓋頭的瞬間……

秀才不明所以。僧人解釋道：「那具海灘上的女屍就是你未婚妻的前世，你是第二個路過的人，曾給過她一件衣服。她今生和你相戀，只為還你一個情。但是她最終要報答一生一世的人，是最後那個把她掩埋的人，那個人就是她現在的丈夫。」秀才大悟，「唰」地從床上坐起，病竟然痊癒了。

白雪公主註定是要和王子相遇的，無論是繼母王后派出的獵人還是那顆帶毒的蘋果，無論是那面說實話的魔鏡還是七個可愛的小矮人，他們的出現都是為了讓公主和王子相遇，成就一份純美戀情。「善有善報，惡有惡報」，對柔弱又尊貴的公主而言，也許最好的報答就是收穫一份天長地久的愛情，這是讓上天都感動的愛，是冥冥中不可強求的緣分。

如果你相信緣分的存在，就應該明白，緣分可遇不可求，該是你的，早晚是你的；不該是你的，怎麼努力也得不到，是聚是散都應隨緣。若是有緣，時間、空間都不是距離；若是無緣，終日相聚也無法會意。凡事不必太在意，更不要強求，就讓一切隨緣吧！

緣分就應該順勢來去

有人問隱士：「什麼是緣分？」隱士想了一會說：「緣是命，命是緣。」此人聽得糊塗，去問高僧。高僧說：「緣是前生的修煉。」這人不知自己的前生如何，就問佛祖。佛不語，用手指指天邊的雲。這人看去，雲起雲落，隨風東西，於是頓悟：緣是不可求的，緣如風，風不定；雲聚是緣，雲散也是緣。

感情也如雲，萬千變化，雲起時洶湧澎湃，雲落時落寞舒緩。感情如雲聚雲散，緣分是可遇不可求的風。

張愛玲曾經說：「於千萬人之中遇見你所遇見的人，於千萬年之中，時間無涯的荒野裡，沒有早一步，沒有晚一步，剛巧趕上了。那也沒有別的話可說，唯有輕輕地問一聲：哦，你也在這裡？」這就是緣分。

世上有很多事可以求，唯緣分難求。茫茫人海，浮華世界，有多少人真正能尋覓到最完美的歸屬，又有多少人在擦肩而過中錯失了最好的機緣。或者又有多少人有正確的選擇卻站在了錯誤的時間和地點。有時，緣去緣留只在人一念之間。

每個人，就像一對蚌殼的一片，在同一條河上尋啊尋啊，找到另一半就會合攏起來，護著一顆透明的珍珠。然而，緣分可遇不可求。人們在河邊尋找，不一定就能找到另一片蚌殼。就算幸運有緣相遇，也有可能無緣相伴。

愛情是流動的液體，她會被客觀改變，也會自己發生變化或蒸發。亙古不變的東西是沒有的，屬於你的自然會握在你手中，流失的，就任它去吧！如果已經緣盡，選擇分離，就不必回頭。但得到的就一定要珍惜，因為沒有人會在原處傻傻等你。

智慧品人生

「命裡有時終需有，命裡無時莫強求」。緣分往往在我們不經意間隨風而至，又會在我們拚命想抓住時悄悄地隨風而逝。什麼是緣分？沒人能說清。緣分是最捉摸不透的、最虛無縹緲的東西。它不需要刻意追求，但需要用心把握，因為也許當初的錯過，一回頭已是滄海桑田。

3．該放就放，世間沒有完美

自古以來，郎才女貌，門當戶對，被認為是男女的最佳組合。殊不知，故事在我們期待的青春時期卻變得不再完美。其實，人生就是在完美與不完美，知覺與不知覺中演繹著。我們只能珍惜生存的權利，而不必追求完美。——《追求完美》

放下完美的愛

在愛情的長跑道上，如果太完美就意味著距離和壓力，所以，我們寧可要簡單、自然、回歸現實的愛情模式。

所謂珍惜，並不是要去珍惜最好的，那不叫珍惜。珍惜的真諦恰恰在於敝帚自珍——正因為不夠完美，所以才需要我們去珍惜。唯有珍惜，才能使尋常的感情歷久彌新，變得珍貴起來。

相遇是緣，相識、相戀更是緣，我們期盼兩人攜手走完整個人生，但彼此能相伴快樂走過一段也應心存感激。放手，也許比堅持更加不易，需要面對艱難抉擇的勇氣、權衡得失的智慧以及剎那取捨的決斷。

放手，只是一種選擇，不是放棄，只是生活中的一個轉彎，轉過去，眼前會出現不同的風景。放棄，讓我們學會選擇，放棄，是一種經歷，選擇經歷後，會更加懂得愛。

我們都是世間平凡的男女，掙不出愛恨糾纏的情網，逃不過愛與被愛的漩渦。心碎神傷後，是漫無止境的寂寞。但是細細體味寂寞後的瀟灑，想想除他（她）以外的快樂，想想再也不用為了猜測他（她）的行蹤而煩惱。

感情無論是結束還是開始，都是我們的主旋律，我們還有更遠的路要走，還有更深重的責任，不能背棄我們的理想和希望。得到愛情會痛，放棄同樣會痛。當昨日的幸福、放棄的痛楚在內心淡化成一道痕跡，在柔腸百轉之後也許會恍然大悟：放手，成全了自己的愛情。

該放手時就放手

他和她在大學相戀。在他熱淚盈眶之時，作為朋友的她小心翼翼地遞去了拭淚的手帕。過後，他眼神熱烈，對她說那手帕是他人生陰霾中的一縷陽光，豁亮了他的心胸，說完便緊緊握住了她的手。或許是學生時代的她曾對他有過依稀的迷戀，或許是他的魅力太難於抗拒，那一刻，她沒做任何反抗就交出了自己的愛情。

愛情萌芽的日子，身邊處處都是他撒下的迷人芬芳。她熱衷於卿卿我我的韓劇，而他總是忍痛不看足球直播，靜靜地坐在她的身旁；她喜歡用刁鑽的眼光去評價各大商場裡的漂亮時裝，他則拎著她的包包在她身後一臉微笑；櫻桃成熟的季節，他每天都不會忘記在樓下的超市裡帶回一些，因為他知道那美味是她所貪戀的……

被幸福浸泡無疑是美妙的事情，但熱戀期過後，一不留神，愛情的甜美便在前方不遠處猛然拐了一個彎，他漸漸離她而去。他的手機裡開始有了肉麻的簡訊，下班後他開始有了晚歸現象……

現實就像一場突降的暴風雨，在她傾心付出之後，她感受到從未有過的驚慌失措。她覺得或許在他心中，她只是一個可悲的替補。但他偽裝的眼神令她不由自主地選擇了忍讓，她還是愛著他的。

後來的日子，她加倍傾情投入，試圖以她充滿溫情的愛去感化他那顆需要溫暖的心。而他也真的改變了，努力地回應著。但愛情實在是一個不可預期的複雜程式，他們的努力並不能決定它軌跡的取向。

一個陰冷的下午，他出人意料地帶回了一個水果罐頭，說那是她最喜歡吃的櫻桃。看到櫻桃的那一刻，她一直矛盾的心豁然開朗，她似乎讀懂了一場原本就不該發生的愛情，讀懂了他，也讀懂了自己。

她愛他，是源於少女時代對他的迷戀。而他選擇她，只是出於在他失落時她向他伸手的感激。這樣的愛情就像這裝進罐裡的櫻桃，雖然勉強保有了它原有的形態，但它的顏色、味道早已大打折扣。

該放手時就放手。因為他們都不是那場愛情真正的主角。也許放手是一種無奈的絕望，痛徹心扉。當和曾經珍愛如生命的人相逢陌路時，才恍然大悟，原來，曾經以為的天長地久，其實只是萍水相逢。也許你曾經以為兩個人可以牽著手一路走下去，可是放手了才明白，一切只是兩條平行線偶然的相交，當一切都煙消雲散，平行的依舊平行，即使相隔不遠，也已是人各天涯。

也許放手後的日子，你會鬱鬱寡歡，會莫名地為一首歌、一部戲，甚或是一句話而淚流滿面，總覺得天是黑的，雲是灰的，總覺得失去了生活的意義。可是，你的朋友會告訴你，你什麼都沒有失去，你只是回到了認識他之前的日子，你釋然，就像煙花不可能永遠掛在天際，只要曾經燦爛過，又何必執著於沒有煙花的日子呢？

世間沒有完美，我們自己也不完美。愛就是接受不完美的現實，帶著遺憾去愛；愛就是努力改變自己，提高自己，達到對方理想的過程。愛是付出，不是索取，愛是理解，不是自私。

勇敢的代價是自己先放下，祝福他今後幸福快樂。而自己則靜靜地等待傷口平復，體會著敢愛敢恨敢失去的灑脫。幸福的感覺也許只能是剎那，但剎那過後，便是一個人的精彩。

智慧品人生

童話般的美好愛情在現實生活中並不存在。放手才是最完美的幸福，請不要再執迷不悟，因為等在你面前的永遠是不可逃避的深淵和痛不欲生的冷笑。愛得盲目和無知，只能痛得更甚！忘記他曾和你有過的所有快樂和虧欠，被眼淚淹沒到死的瞬間，被憐憫的原來只是那份被遺棄的愛情……

4．錯過了美麗也不必遺憾

你可能會跌倒，甚至遍體鱗傷，痛不欲生；也有可能罵自己為什麼來攪這個渾水，真是不值！但是，只有你自己最清楚，你變得不一樣了。每一次的歷練都會讓你改變，重要的是，能在愛中成長。——《每個愛情都是出口》

愛情裡沒有加班費，錯過了也不必遺憾

人總是這樣，已經得到的東西不去好好珍惜，偏要拚命追求那些不屬於自己的，就算明知道那些是永遠都無法企及的，比如愛情。

愛情是人類生活中一個永恆的主題，永遠討論不完的話題。愛情是甜美的、偉大的，卻又是自私的、折磨人的；愛情讓人變得美麗，讓人變得快樂，讓人沒有年齡；它同時也會刺激你，折磨你，讓你變得卑微。

你深深地愛著一個人，你自以為你的愛是崇高的，所以你拚命地追求，按時接送，即使那個人從來都是對你不屑一顧，你也無所謂；你深深地愛著，死命地愛，為了那個人的快樂而快樂，為了那個人的傷心而傷心。

愛著那個人讓你魂不守舍，讓你神經兮兮，你變得不成人形，一個人在舞台上演著沒有觀眾的獨角戲……其實你也迷惘，你的愛情到底有沒有結果，你這樣是不是值得。

可是你還是瘋狂地愛著，終於有一天，現實來到你面前，那個人傷害了你。於是你眼淚不斷，你想不通，是自己錯了？還是那個人無情？

難道你的用心，你的付出都是枉然？你覺得你的愛情就這麼被踐踏了，於是你更傷心。但是你可曾想過，愛情是彼此的情感，而不是一個人單方面的愛。有很多人都是這樣，剛開始時抱著不需要回報的想法對待愛情，可是，經過長久的付出之後發現，真是身心俱疲，身心早已經被愛情淘空了，或者說是被對方淘空了。

其實你沒有錯，那個人亦沒有錯，只是愛讓你迷失了心志，太想擁有，太過盡力。你沒有認識到愛情不是加班，沒有額外的收入這個道理。也許經過這件事情會讓你明白這個道理：當一個人不愛你時，無論你怎麼用心，怎麼付出都是自欺欺人。

愛情是兩個人的事情，一個人無論多麼努力，多麼愛，如果得不到對方的回應，終究還是徒勞。美好的愛情都是兩情相悅的，所以單戀才會是那麼的苦澀。愛情不可能由一方決定，要想得到對方的喜歡，就必須以自身的魅力、人品、才華等吸引對方，而不是只靠一方的強烈追求所能達到的。

不要勉強他愛你，也不要勉強自己不去愛他，既然愛了就愛了，不要怨恨也不要傷心，微笑一下，豁達一點，愛才能美好、長久、真實；對什麼事情，我們都不可能有絕對把握，愛情亦是如此，如果刻意去追逐，就很難走出患得患失的心態。明白的人懂得放棄，真情的人懂得犧牲，幸福的人懂得超脫。不愛並不等於滅亡，地球上兩個人相遇是多麼不容易，感激你們的相遇吧！

正確地面對你的愛情

愛情是很虛無的，沒有人能說清它的實質究竟是什麼。只有小說等文藝作品中的愛情才會轟轟烈烈，纏綿悱惻，椎心刺骨，我們此等凡人，何來能力承受如此的愛情？

愛情只是生活裡的調味劑，放得適量，才能烹出美味，唯一無奈的是誰也無法正確掌握究竟多少才是適量，畢竟各人有各人的口味。兩顆心的相互碰撞，才可以得到可歌可泣的愛情，如果用一顆心去撞別人緊閉的門，無疑是用火在燒自己。迷戀之後，追求之後，在你筋疲力盡的時候，就應該放棄。

放棄了的痛苦是難耐的，但若不放棄，失去的會更多；悽愴之後，委屈之後，失眠之後，淚流成河，而當你過了這條河就會發現，彼岸的風景也很好。回頭看看，其實這條河是極淺的。別再憂鬱，別再難過，別在不屬於你的愛情中尋覓，放棄，是唯一的，也是最好的選擇。學會放手，才可以快樂。

刻意改變自己去取悅對方，那樣的愛情不會長久。如果那個人不喜歡你，你怎麼去追求也都是沒有用的。就算你用真誠打動了他一時，可是誰又能保證他永遠也不會遇到自己心中所愛，那時的你該把自己放在哪個位置呢？

真正的愛情源於彼此發自內心的傾慕，建立在兩情相悅的基礎上。任何只顧瘋狂地去愛別人而不顧自己有否被愛，或者只顧索取而不知真心付出的人，都不會有好的結局。

如果愛情已成往事，就讓它煙消雲散吧；一朵花謝了，再尋找另一朵；別用眼淚去感動愛情。就算愛情沒了，生活也一樣在繼續，幸福永遠在將來，命運或許在你手中操控。

一廂情願的愛情是蠟燭，能給你光明，但風一吹就熄滅；一廂情願的愛情是飛鳥，能裝點風景，但天氣一變就飛走；一廂情願的愛情是鮮花，雖然嬌豔動人，但過了五月就枯萎；一廂情願的愛情是彩虹，雖然繽紛絢麗，但那是瞬間的騙局，太陽一曬就蒸發。

從白素貞到張愛玲，由古至今，愛情都不會因為妳是一個有著美好願望的女子而功德圓滿。面對不屬於自己的愛情，請給它一個瀟灑的轉身，給它一個美好的歸宿，留給曾經的愛人一份永遠的紀念。

因為你愛他，所以你要尊重他的選擇，即使他給不了你承諾；因為你愛他，所以不要哭，你要知道他並不愛你，所以他不會心疼你的淚；如果他不愛你，那就不要以任何理由打電話給他，如果他發來問候要說自己很好，同樣也要問候他；如果你們有緣再遇的話，用微笑來代替你想說的一切。

你要學會忘記這種愛，為了他，為了自己，也為了現在或者以後愛你的人。放下手中的線，轉過身去，也許是你的另一個重生。

智慧品人生

人都會有「錯過」，當你錯過一棵樹時，就意味著你可能得到了整個森林。所以，即使你真的錯過了，也不要遺憾。愛過了，痛過了，才會懂得如何保護自己；傻過了，錯過了，才會懂得適時地堅持與放棄。學著放棄，在落淚以前轉身離去；學會放棄，將淚水藏在眼裡；學會放棄，彼此都能重新開始。夢醒了，就讓那些往事隨風離開你。

5．放下舊觀念，找到真愛情

放下舊觀念，才能找到真愛情，我們愛的是活生生的人，不只是她的貞節。

——《放下舊觀念，才能找到真愛情》

愛她，不應該只愛她的貞節

性愛，只是愛情和婚姻中的一種表達方式，真正的愛情應該能接受和包容對方的優點、缺點。你愛她，但是因為她不是一個處女而不愛，如果有一天你終於碰到一個處女，卻對她毫無感覺，那麼，你是否要為了她是處女而選擇她？

每個人對愛情的理解不同，對愛情的期待也不同，真正的愛情是執迷的深情，包容和付出，而非苛求。人無完人，要享受愛情甜蜜，就要學會包容，包容對方的不足，原諒對方的過失。愛不是改造場，愛是接受而非苛求。

愛是一種感覺，茫茫人海中，唯她為你心動，由此可見愛情的唯我性，也可見，在那時，愛並非由性來主宰。可是為何單純的心動演變為相處和相守的時候，就現實得與貞節有關呢？難道，貞節是愛情的首要前提？失去了貞節的女子，從此必須放棄追求再愛和真愛的權利？浪子尚可回頭，更何況對感情的嚮往，人人皆有權利。

你的她在遇見你之前，並不知道未來會怎樣，她將會遇到哪些人，發生什麼事。她之所以付出了她的身心，是因為那時她以為他們是有結局的。誰知一切只是過眼雲煙，你才是她真正的白馬王子。人沒有未卜先知的本事，如果有，她一定會希望可以早點認識你，可是，我們人類真的沒有那個能力，誰會沒有過去呢？又是誰，判決了有故事、有過去的人不能追求幸福的未來？沒有。所以，男人，你憑什麼評斷別人的過去？這就是你愛的表現？難道，你敢言你從無過去？也許她對前男友動情，或許讓你略感失落，但那也表示她是一個負責任、認真的人。

現在的社會，婚前性行為或試婚也不鮮見，這是社會的一種趨勢使然。沒有人敢保證愛一次就愛出個未來，沒有人敢說有婚前性行為的女子就不清白，人的清白，要視其心。如果那只是她的過去，如果她是真心待你，如果在你們的愛情中，她不曾背叛，如果你愛她，如果她值得你愛和包容……那麼，去愛吧！愛情裡，本不該有雜質。

拋棄舊觀念，尋找真愛情

「男大當婚，女大當嫁」，自古然也。古代人婚嫁講究「門當戶對」，而隨著社會的發展，「門當戶對」的舊觀念仍然在男男女女的潛意識中，沒有被拋棄。

所謂門當戶對，就是朱門對朱門，寒門對寒門。最講究門當戶對的，應該是東晉時期。整部中國歷史，東晉時期的門第觀念最強。西晉時期，士族還得依附於皇權，而東晉居高位的士族，其權勢往往得以平行或超越於皇權之上。

古時候，富家小姐和窮小子相愛，但是因為「門不當戶不對」，只能私奔。現如今，男女婚姻自由，按理不應該再有這種事情發生，但是不僅不會有類似的情況發生，還會有一些匪夷所思的事情，比如相親，看家庭條件，看人品學歷，看父母的地位……一些本質的東西都已不復存在了。難道門當戶對真的很重要嗎？可是門當戶對的婚姻會不會幸福呢？

不知道是緣分的安排，還是上天的捉弄，大學生阿田，飛特族小花，兩人因為共同的興趣和愛好，決定在一起。阿田的感情，使小花拾起一個失落的夢境，描繪出一個嶄新的希望。他們分享今天，暢想未來，彼此都為這份感情投入了很多。

起初，他們都沒有工作，於是他們互相鼓勵，度過了人生中最低谷的一個階段。後來，小花找了一份工作，阿田也建起了自己的網站。那個時候，他們住在對面，小花上班之後，阿田怕她太累，回來一個人待在房間又太無聊，為了方便相互照顧，且可以減少開支，他們開始同居。

阿田不善於表達，但是，從他的言行舉止和對小花的百般呵護中，小花感到了他那真切的愛，是阿田的真情讓小花忘記了自己身處他鄉異地。那段日子，小花開心得像一個撿到了糖果的孩子，以為這就是她今生追求的幸福生活。

小花小心翼翼地呵護著這份感情，他們兩人甚至相信有來生。後來，阿田遠在新加坡的父母知道了他們的交往，態度非常強硬地表示，決不接受這個事實，並要求他們馬上分手，理由是門不當戶不對，更介意小花既沒有好的工作，又沒有大學文憑，阿田的家人一致表示，小花和阿田不是同一個層次的人，他們在一起是不會有幸福的。更糟糕的是，阿田的父親還為了這件事，高血壓病發作住進了醫院。這猶如晴天霹靂，使他們兩個都要崩潰了，最後，阿田終因受不了家人的威逼，提出要和小花分手，小花的心都碎了，最終兩人各自過著不幸福的生活。

一個未婚，一個未嫁，有什麼不可以，感情一定要用學歷和金錢來衡量嗎？門當戶對真的那麼重要嗎？「門當戶對」的老觀念，拆散了多少真心相愛的人，使他們抱恨終生而希望來世再相聚。問世間情為何物？對感情這個複雜的東西，沒有幾人能說得清、道得明，這只有相愛的兩個人用心去感受，去理智地看待門當戶對。

你如果出身寒門，愛上了朱門的他（她），你一定不希望對方嫌你出身寒微。子曰：「己所不欲，勿施於人！」那麼，假如你出身朱門，你就該為寒門愛上你的他（她）設身處地地想一想。而且，世界上也沒有永恆的富貴。今日的朱門，未必永遠是朱門，今日的寒門，也未必永遠是寒門。

智慧品人生

舊觀念是你的牢籠，束縛住你的思想。舊觀念是個套子，將你裝在套中。舊觀念是一把無情的刀，砍斷了無數棵正在生長著的愛情之苗。你要想獨具創造力，你想要自己的愛情，你要想自由，就得自己去打破它。一個有智慧的人，是一個敢於打破舊有觀念的人。

6．放下握不住的愛情

愛情就像流沙，你拚命地想抓住它，卻只能看著它從你的指縫慢慢地滑落！我們不能奢望握住愛情，只能試著去把握。手中的沙無論怎樣都不會一粒不灑，我們能做的就是在它灑得最慢的基礎上適時地補充它，只有這樣才是我們可以把握的愛情。但是如果這把沙子中石子太多，握不住的沙放下也罷。——《沙揚娜拉，愛情》

放下手中握不住的「沙」

愛情就像手中的沙，你越想握住它，它就流得越快……在愛情生活中，活得太明白，會平添許多苦惱，活得糊里糊塗，一味地縱容又會帶來更多的傷害。

在愛情中，你所能做的就是把握自己現在手中的沙，不要去數它曾經流走過多少，不要在乎沙中的小石子是否曾經劃破過你的手。如果確定了這段愛情有很多值得你留戀的地方，那麼就必須忘記那些愛情中曾令你不開心的點點滴滴。

每個人都無法拒絕愛情的美好，但是愛情這個繽紛絢麗的萬花筒，帶給你的一切只是虛幻，當你深陷其中，你將會被牢牢地吸引，貪婪地一遍遍去感受它的美好。

所以，不要只因為他親吻了你，你就以為那是愛情，你就必須和他一輩子在一起。有時候所謂難以割捨的感情，事實上只是不甘心而已。

有一首歌是這樣唱的：「雖然愛是種責任，給要給得完整，有時愛美在無法永恆，愛有多銷魂，就有多傷人，你若勇敢愛了，就要勇敢分。」分手是勇氣與智慧的較量，當愛情降臨，張開雙臂去迎接；當愛情正在遠離，就痛快分手……過去不能再重演，現在的你只能向前看。

愛情來得快，去得也快。就好像是春天裡的一陣暖風，輕撫過你的柔面，引起你內心漣漪一片，隨後它就飄然逝去，了無聲息，任憑你呼喚也好，追尋也好，它不會有一絲一毫憐憫。那麼你該清醒地知道，當愛情已經遠離你的時候，不要有任何奢望！

掌心握不住的愛

「你的生命線很清晰、綿長，你是個長壽的傢伙。呵，感情線嘛，有幾個分叉，可能愛情路上會有些小波折，但前途是光明的，你會有個好歸宿。」和寧寧說這話的人，是熱烈地暗戀她的人，他藉故為寧寧看手相，而最終目的，只是為了能握住她的手。

後來的日子，他們似乎是在戀愛了。說是似乎，因為彼此的關係好像只是處於朦朧的好感階段，並沒有升溫到談情說愛的地步。他在北部的高中讀書，而寧寧就讀於南部的高中。由於兩地間有段距離，只有在放假時他們才可以見面，不過兩個人單獨相處的時間很少，多是一起出現在同學的聚會中。那時他們朋友圈裡的人，都知道他正追求寧寧。因為無論旁邊有多少人，他的眼睛，大部分時間總是只看著寧寧。

在他大二時，寧寧隨父母遷居到國外。當寧寧把這個消息說給他聽時，他的眼神更憂鬱了。在寧寧說完要轉身走開時，他給了她一個措手不及。他在背後抱住寧寧，緊緊的，臉埋在她的長髮裡。那晚並沒有月光，那條路很僻靜。「你真像個新娘。」他說，「做我的新娘好嗎？」他呵著熱氣的嘴挨在寧寧耳邊呢喃著。寧寧的臉只是像一塊通紅的炭，緊貼著烙在他臉上。

後來的日子，像風。他繼續在校攻讀，寧寧開始了工作。在他們的書信往來中，除了熾熱的情話外，便是分離的憂傷。寧寧工作的部門，是別人眼裡的好單位。熱心的同事，開始為寧寧穿針引線。寧寧把這些寫在信裡當做笑話說與他聽，他只是說，如果有條件不錯的，去看看。愛情在女人的眼裡都是最揉不得沙子的，於是寧寧常常為他的回話而大發嬌嗔，並故意開始接觸那些對她有好感的男人。

他終於畢業了，回到老家附近工作。他對寧寧說我們分手吧！那時的寧寧年輕美麗，心高氣傲，賭氣說：「好，分手。」

他們在不同的地方生活著，沒了音訊。寧寧在別人的追逐中老是心不在焉，她知道自己心裡在希冀著什麼。寧寧從一個老同學的嘴裡知道他要結婚的消息，這個消息促使她匆匆請了假，踏上找他的路途。對於寧寧的突然出現，他怔住了，然後是緊緊擁抱她，她伏在他胸前，耳畔聽到他狂亂的心跳聲，他是愛我的！那些傳聞是假的！寧寧幸福地想著。

可是她錯了，當她開口問到這件事時，他一下子鬆開了寧寧，痛苦的表情證明了這一切是真實的。「對不起，寧寧，我……我，真的愛你，但我們的未來很不現實，你不可能回我這裡，我也很難調到你那裡工作。這些現實天天都在煎熬我，我的痛苦和絕望，你知道嗎？她出現在我的生活中，她很愛我，對我很好，我是個男人，應該要對她負責，希望你能理解。我祝你以後能找個心愛的人，快樂地生活。」寧寧望著他不斷開合的嘴唇，茫然失措。

寧寧放手了，不得不放手，因為她的幸福不能建立在另一個女人的痛苦之上。第二天一早，寧寧便悄然逃離了這個有著他的氣息的地方。

也許，越是美好的東西，我們就越想擁有它。然而，造物主卻和我們開了個不大不小的玩笑：我們擁有了分辨一切的智慧，卻要在若干年之後，將所有的一切如數歸還。我們握不住任何東西，給愛情一個空間，給那個他（她）和自己一點空間，相信愛情就在身邊，就如我們永遠都握不住幸福和快樂一樣，在它來臨時，努力經營它，把它留在身邊，使它們永不退色……

智慧品人生

愛的正面是全心全意，愛的反面是冷漠淡然。愛情之所以是美好的，是因為它是可以自由選擇的。在愛情裡沒有誰辜負誰，誰又有資格去指責誰呢？所以把握愛情的時候，只要曾經擁有，何必費心去想著天長地久呢？

7・把失去的愛當成贏利

當你不信任我時，其實是你在懷疑自己；當我想離開你時，其實是你不想繼續。愛情，不是單純讓對方屬於自己的過程。我們必須學會在這個過程中，發現自己。最好的結局，並不一定是相聚，分離也許是一種幸福。經歷過刻骨銘心的痛苦，對愛的徹悟，是上天賞賜的禮物。——吳若權《愛情左岸》

失去——會讓你懂得更多

女孩與男孩自上高中就是同學，愛情像不經意間落下的牽牛花的種子，落在彼此的心上牽繞纏在一起。直到大學畢業，利用七年時間培育出的愛情，讓他們彼此相知。

畢業之後，兩個人都辛勤地工作著，直到他們有了錢買下一套小房子，房子並不大，但是女孩還是感覺幸福，幻想著結婚以後，她在家裡曬著太陽幫老公熨衣服，幻想著將來老了以後要在陽臺上種滿花草，她還想著要養一隻會唱歌的鳥，就他們兩人，依偎在陽臺上，曬太陽、看花開、聽鳥唱。男孩嘲笑她，但那時的嘲笑是寵愛的表現。

美好的日子總是過得很快，直到她發現他跟另一個女孩走得很近，並且對結婚之事開始閃閃爍爍。她決定最後一次試探他，她對男孩說：「應該結婚了吧？」男孩只是扭過頭不經意地看著街頭的風景說：「再等等吧。」女孩只覺得「砰」的一聲，是什麼爆開了，無法收拾了吧？她沒有再多說一句。

那天晚上她整整哭了一夜，然後收拾起晶瑩的眼淚。清晨，她精心打扮了自己後約他在常去的街心花園見面。愛情曾經在這個地方蔓延，就讓它也在此結束吧。

女孩故意遲到了一小會兒，正當男孩等得不耐煩想要離開時，她盛裝而出，款款而至。男孩驚訝於眼前的美麗，笑著問女孩：「今天是什麼日子，這麼隆重？」女孩淡淡一笑，平靜地說：「今天，是我們分手的日子。」然後伸出手來輕觸他的手，道別，優雅離開。當時花園裡的花姹紫嫣紅、風情萬種，襯托得女孩的離開更加驚豔。

也不知過了多少年，男孩已經變成了男人，女孩也變成了女人，同學聚會，男人也去了，他也不知道自己為什麼會來，或許真的是想再見一眼那個天使一樣的女孩？不過，他並沒有見到，只是聽同學們議論，都在羨慕女人愜意的生活和愛她的老公……男人的眼前一片迷離，多年來一直忘不了那天，姹紫嫣紅、風情萬種的花之間，盛裝的女孩像個花仙子一樣，印在他的心上……

無論男人還是女人，總是要在適當的時候給自己保留足夠的自尊，在愛情完全失去時，我們唯一可以保留的，也只有自己的風度。或許也只有這樣，才可以讓那傷害你的人永遠地懷念曾經的美好。

把失去當成一種贏利，失去了才會瞭解自己的缺點，失去了才能開始懂得付出、奉獻，失去讓我們又完整了一步。不要害怕愛人的離開，不要害怕歲月的侵蝕；在迷茫的時候及時調整自己，時間會沖淡一切。不要讓自己帶一點脆弱附庸，盡情地戀愛，優雅地離開。

失去了愛情，收穫了更多

一位天真的少女期待自己能找到一份天長地久的感情，後來，她遇到一個男子，並愛上了他，她問他：「你會永遠愛我嗎？」他說：「當然，我會永遠愛你。」天真的少女以為自己終於遇到了屬於她的人生和愛情，以為自己成了那百分之一的幸運兒。可是，事實並不如願，有些事、有些人總是在不經意間改變。相處三年，他和她分手了。天真的少女曾經以為會恨無情的他，可是，她後來才發現，原來她恨不起來。不知為什麼，就是恨不起來。只能自己安慰自己，算了，既然他選擇了另一個人另一段開始，那自己就該放手，因為愛情已經遠去，留戀是沒有用的，傷心也無濟於事。

一段感情的結束，意味著另一段感情的開始。愛，總叫人無奈。失去，雖然會心痛，可是，如果註定要失去，就勇敢地面對現實吧！長痛不如短痛，與其一錯再錯，不如盡早抽身出來。愛情是奢侈品，得到了是幸福，失去了也要好好活下去。失去，也是為了更好地得到。失去愛情，你或許就會獲得其他更多的東西。

因為愛，我們想要，想得到；因為愛，我們相處，怕失去。在得與失之間，在相處時，在面對誘惑、選擇、機遇時，矛盾、困惑才會產生。愛就意味著付出，使對方幸福，不計回報，如果你失去了她，不過是回歸你原來的狀態，你如果還愛，就繼續愛下去，那是你的自由。你如果不愛了，你可以重新尋找、選擇。

當她不愛你的時候，也一定要祝福她。有了愛，便不該有恨。愛是美好的，恨卻醜陋。何必讓生命中最美好的東西化做醜惡呢？也不要覺得不公平。

當她不愛你的時候，請輕輕擁抱一下回憶裡的溫暖，輕柔地凝視一下凋謝的溫柔。當他不再愛你的時候，請你深深呼吸，瀟灑地和過去說再見吧！灑脫一點，或許你就會得到更多。

智慧品人生

當他不愛你的時候，請不要在他的面前流眼淚；當你生病的時候，請不要告訴他，因為，他無法給予你照顧和關心，至多是同情一下。請驕傲的你，不要放棄本來屬於你的驕傲。雖然太多的人，在愛的面前丟失的太多，連站起來的勇氣都沒有，何來驕傲？只是，要記得，只有愛你的人，才會真正地去疼惜你，而不是旁觀的同情。

8．放下也是成全

愛不是占有，是成全。在愛情的世界裡，你成全了他，而你自己，卻感受著被動的幸福。也許有一天，當你聽他說起他的故事，你會很欣慰，欣慰於自己當初的選擇。

——《比我幸福》

愛不是占有，是成全

相遇本身其實並沒有早晚。假如你們早一些相遇，或許早就分道揚鑣了，甚至連普通朋友都做不成。正因為被傷害過，才知道愛情裡疼痛的分量，甚至超過生命。於是很小心地經營，很小心地讓愛找到避風的港灣，要幸福，一定要幸福，哪怕僅僅是被動的。

愛他就要讓他幸福，哪怕這幸福不是自己給的。當你看到你曾經真愛的那個人，如今像個孩子那樣開心、幸福的時候，你本身也該寬慰了。因為是你當初的退出，是你當初的大度，成全了他，成全了他們的幸福，真正成全了一段美好的姻緣。

後悔本身就意味著背叛。如果當初選擇分手，就不要回頭，也決不能回頭。既然想好了要走，就走得瀟灑一點，別讓彼此的心都疲憊了，也找不回曾經摯愛的那個人。

愛不是占有，是成全。也許有一天，當你看到你曾經深愛的他過得很幸福的時候，你會覺得自己很偉大，並且還會有很多很多的快樂陪伴左右。當你發現自己做了一件很有意義的事的時候，你的快樂、滿足感自然滿溢。當你真的可以放下一段感情，去成全他們的時候，你會覺得自己真的很偉大。如果你愛一個人，而你不能給他幸福的時候，請轉身離開，成全他的幸福。這樣，你的生活也會變得美麗，你還會得到很珍貴的情誼。

放下了對別人的仇恨，就是解脫了自己，成全了別人。幸福，並不能通過法律或傳統意義上的教條換來。幸福是一種感覺，跟所愛的人在一起，即便是白開水下掛麵，那也是稀哩嘩啦的快意，跟不愛的人在一起，滿漢全席擺在你面前，你也吃得索然無味。記住，放棄一段不合適的愛情，就是成全。

成全也是高尚

許多時候，放手是解脫，是成全，也是高尚，全身而退也是精彩，遠遠地遙望和祝福也是深情。這中間雖然有無可奈何和些許的憂傷，但是，生命是如此厚重寬廣，成全了對方，也成全了自己的碧海藍天。我們要學著去感恩和寬容，成全別人也成全自己。

阿洋和小佳相戀三年後結婚，結婚才不到兩年，就以離婚收場。因為在婚後一年的時候，阿洋出差時遇到了一個比他小兩歲的女孩。阿洋的家裡只有他一個男孩子，家裡人一直都當他小孩子。小佳對他也是這樣，對他的關心無微不至，家裡大小事全是小佳一個人做。回到家有現成的飯菜，吃完了就坐在電腦前玩遊戲，他的衣服襪子髒了就脫下來丟在一邊……在他看來，小佳對他一切的好，全是應該的，他心安理得地接受著，從沒想過付出……

小佳知道這件事以後，設法阻止他們來往。但是阿洋的一次次欺騙，使他們之間的吵架次數越來越多。阿洋說他再也受不了這樣吵下去的生活，小佳也很想像書裡或電影裡說的那樣理智，用智慧來對付那個女孩，道理小佳雖然都懂，但她卻沒有採取理智的方法去解決……

他們的吵架越來越激烈，這都是因為那個女人而起，為了她，甚至鬧到了離婚的地步，阿洋還出手打了小佳。阿洋的眼神可怕得嚇人，小佳感覺阿洋再也不是愛她的老公了。小佳一直以為她不出聲，忍下去，會等到阿洋回頭，但她真的做不到……最後，小佳決定要退出這個辛苦的戰役。

她走得很瀟灑，她笑著祝福他們，祝他們幸福！如果兩個人真的不能在一起了，放棄執著，成全別人能夠過得幸福又何嘗不是明智的選擇呢？

為人處世時要「忍一時風平浪靜，退一步海闊天空」，在愛情中，也是如此。當一份愛，一份感情沒有了，還死皮賴臉地守著最初的甜言蜜語幹麻呢？其實，有一種愛叫做放手，別死纏亂打，放下，才能解脫，才能自在，這對自己對別人都是一樣。

也許你曾經因為年少無知，不懂愛情，傷害過自己最愛的人，後來才知道自己原來愛她。愛一個人很難，放棄自己心愛的人更難。愛一個人，不是征服也不是占有，而是無條件地給予。如果你不能親自為她披上嫁衣，就請停止解開她衣袖的手。

智慧品人生

愛，難分對錯，如果你智慧地分清楚了，那就應該學會放下。放下，是精神代謝，一個不懂得放下的人，如同一個只會進氣、不會撒氣的氣球，早晚會爆。並不是所有的情意都能纏綿；並不是所有的相遇都能同行；並不是所有的愛戀都能長廝守。愛人可以走，但是，曾經的情意帶不走。面對轉身的愛情，真誠地道一聲「一路保重，祝你幸福！」比硬著心腸說狠話好。

第五章 競爭職場，智慧生涯——愈放下路愈寬

放下身價，讓自己回歸「自然」，你才可望得更遠！

職場有如一個大型競技場，我們會遇到形形色色的人，等著與我們過招。不論是上司、同事或是下屬，都與我們相互影響、相互制衡。你若認為你才華洋溢，記得藏拙；你若認為你備受寵愛，記得低調；你若認為你技冠群雄，記得謙虛。因為職場生存靠的不是只有高IQ，還有高EQ。學會放下驕傲、輕裝上陣，有時反而是以退為進，借力使力，仕途越走越順暢。

1．與對手過招，「放」為上

社會就是一個大競技場，每天都要與形形色色的人過招。人生好像登山，如何才能又快又輕鬆地登到山頂，只有一個辦法，帶少而有用的東西。要想攀得更高，就應該放下那些無用的東西。背著包袱走路，是很辛苦的。

放下吧！以退為進

俗話說：「人在江湖，身不由己。」而當今社會的人是「人在職場，身不由己」。職場的重要陣地——辦公室，其實就是一個麻雀雖小、五臟俱全的江湖。是江湖就免不了是非，要少惹是非你就得控制自己的行為。

但是，你能控制住自己，卻控制不了別人；你對別人友善，別人未必對你友善。有辦公室政治，自然就有辦公室敵人。當出現顯而易見的敵對情況時，你一定要馬上想辦法化解，盡量不要與他人起正面衝突。

當一些諸如嫉妒、貪婪、自私等種種的負面情緒蔓延到辦公室裡的時候，也不要驚訝。我們開宗明義地強調與人為善、互助進步的觀念，但是「辦公室敵人」的出現是不可避免的。你和周圍的人總是互相影響，互相制衡，衝破了這張網，破壞了運動的平衡，對誰都沒有好處。所以，職場上不到萬不得已，千萬不要與人正面起衝突。

即使是對手再咄咄逼人，你也要保持冷靜，遇事不亂，理智又沉著地應付對手的攻擊。表面上看起來你似乎軟弱可欺，但實際上這是以退為進。對手的挑釁、尖刻，反而會襯托出你的大度。在職場中，放下不是沒有鬥志的表現，而是為了更好地突擊。

有一個馬夫非常喜歡喝酒，於是，就偷偷地把用來餵馬的大麥賣掉換了酒錢。但他還要靠馬來拉車掙錢，於是他仍然每天用水給馬擦洗，還一邊用梳子為馬梳理鬃毛，一邊在馬的耳邊說：「馬兒啊馬兒，我對你這麼好，你可不要讓我失望，一定要用力地拉車啊！」馬兒餓著肚子，無奈地聽著，心想：如果你真心對我好，就不要把大麥賣掉！

表面上看起來，馬夫每天又是洗又是梳的，對馬可謂是百般照顧了。其實不然，稍加分析就會明白，梳梳洗洗的表面功夫怎麼及得上讓馬兒飽飽地吃上一頓來得實在呢？

在職場中有不少類似於馬夫這樣說一套做一套的人，他們沒事的時候甜言蜜語，和你嘻嘻哈哈好像關係很好，你拿他當朋友，等你真的需要幫助時，他們卻推三阻四，完全忘了當時的承諾。

自己的利益只有自己才可以維護，不能為我所用的話，就一笑而過，別放在心上；別人說的話再好聽，也不要被它蒙蔽了心智，沖昏了頭腦；別人說的再難聽，也要冷靜下來想想，有沒有道理，有道理的就接受，不用費神去揣測對方的動機，他說什麼你都要先過濾一下，看看有沒有什麼可供借鑑、學習的。對方怎麼想不重要，重要的是你怎麼做，做對了，壞事也能變成好事。

職場競爭不僅需要高智商，也需要適度的情商。懂得放下不是一件簡單的事，需要足夠的智慧跟勇氣。假如能學會取捨，學會輕裝上陣，學會善待自己，凡事不跟自己較勁，甚至學會傾訴、發洩、釋放，人還會被生活壓垮嗎？

古人行軍打仗尚且懂得以退為進，有時退一步就能海闊天空。放下不代表停滯不前，以退為進，競爭之路才會愈走愈寬，愈走愈順。

放下吧！那不屬於你

在生活中總是可以碰到一些人，他們不善於察言觀色，卻偏偏在官場上尋愁覓恨，眼看著別人一個個跑到了自己的前頭，徒歎命運不公卻不甘失敗；有些人根本就記不清流水帳，卻哭著鬧著往商海裡跳，生意做得一塌糊塗，口中卻仍念著「天將降大任於斯人也」。

世界上沒有任何一件事情是完全的、絕對的，人生並不是什麼時候都需要毅力和堅持，毅力和堅持只在正確的方向下才會有用。在必敗的領域，毅力和堅持只會讓人南轅北轍，輸得更慘。

大多數情況下，人更需要的是分辨方向的智慧。不適合做官的，可以去做生意，不適合做生意的，可以去做學問。該放棄的就放棄，要記得「天生我材必有用」。

有些人明知道有些東西並不屬於自己，或者根本也不適合自己，明知道有些東西是不可改變的，但還是不能放下，非要事情做出改變，而不是嘗試改變自己；成功者與失敗者的最大不同，可能就是成功者知道自己的優勢，因此，他們只參加有利於自己的競爭；而失敗者則相反，他們往往十分賣力地把自己逼進死胡同，然後，等到年老的時候才後悔，自己當初為什麼不試著換另一種選擇。

某寺廟的門上寫著「看透、放下、自在、隨緣」八個字，人生在世，有太多的東西看不透，放不下，佛家講的是一切隨緣，是你的就是你的，不是你的再怎麼努力也沒用。

人不應該和自己過不去，總是去追求自己得不到的東西，反而會把自己弄得滿身是傷。放下吧！那不是屬於自己的，多給自己一些選擇的機會。人生沒有唯一，不會放棄的人就會離快樂很遠。人不應該在得不到的夢想和失望中死去，而是要在快樂和滿足中退出人生的舞台。

智慧品人生

放下不是懦弱，而是一種聰明的處世方法。在這個世界上改變別人難，改變自己也難，但是改變不了別人不如改變自己。聰明的人懂得變通，好漢不吃眼前虧。試著多作一些選擇，成功的道路不是只有一種。

2．弦緊弓斷，學會放下

事物發展到極點，就會向相反的方向轉化，正所謂「物極必反」。因此，人們在為人處世的時候千萬要把握好分寸，切不可過度。過度則質變，物極必反，樂極生悲。

只有停下，才有時間去思考明天

每個人從到世上的第一天起，便不停地追逐著一個又一個的目標。從牙牙學語到蹣跚學步，從懵懵懂懂到對宇宙奧祕的好奇與探求，轉眼間從兒童變為少年，從少年長成了成年。然後，面對眼前一系列的「生存」問題，我們給自己設定了一個又一個目標，每當到達一個目標，下一個目標又出現了。滿足了這方面的欲求，那方面還未如意，繼續追逐。

就這樣，在不知不覺中令自己陷入無休止的逐利和物質享受之中，慢慢忘記自己在宇宙中的角色，忘記了自己的使命，忘記了自己應盡的職責和義務，真正的人生目標被一個個虛假的目標遮擋殆盡……人生，應當適時地停下來思考一下這麼做的意義是什麼；否則，你只會空忙一場。

美國開發初期發生過這樣一個故事：當時的美國，地廣人稀，地價甚廉，土地的出售是以一人一天所跑的範圍為準。因此，有一個人付了錢就開始拚命奔跑，從清晨到中午，此人絲毫不敢休息，唯恐因鬆懈而損失一些土地。到了黃昏，眼看太陽就要下山，如果跑不回終點就要前功盡棄，因此，他拚命地向前狂奔。

但是，他怎麼也沒想到，當他費盡千辛萬苦跑到他所謂的終點時，人也立即倒地，氣絕身亡。賣主只好將他草草地就地埋葬，最後，所占的也不過只是一棺之地而已。

現在的你是否也正為一些目標在狂奔？那麼，請讓自己學會停下來吧！給自己留一份調整和思考的時間，靜心地問一問自己：我在為何而忙，為何而累？匆匆忙忙的盡頭，將會有什麼樣的風景在等待著我……

如果把人生比做一段路程的話，我們應該有走有停，學會停下，給人生留下思考的時間，才可能走得更遠；放慢速度或停下，看看周圍的風景，感受一下生活中的美好，我們就知道我們忙得多麼有意義，也更能使我們明確前進的方向。弦緊弓斷，物極必反。暫時放下手中的東西，停下來回頭看看，再想想後面的路該怎麼走。

懂得停下是一種智慧，學會停下是一種本領。只有學會停下來，才有可能提高工作效率；只有學會停下來，才會使自己對工作更加富有熱情；只有學會停下來，自己才會有足夠的時間和空間提升自己。別忘了，停下來，後面的路還很長！

學會放下，輕鬆工作

當我們忙得暈頭轉向不知為什麼而忙的時候，心裡就感覺很空，不踏實。就好像一個滑雪的人，如果不知道如何讓自己停下來，或者在必要的時候放慢速度，那麼很可能還沒有到達終點，就已經撞在了石頭或者樹上。

只有我們知道如何讓自己停下來或者減速的時候，我們才能不被「橫衝直撞」的忙碌「撞死」在人生旅途中。

有一名年少輕狂的少年想成為少林寺最出色的弟子。他問大師：「我要多少年才能像您一樣出色？」

大師回答說：「至少要十年。」

少年不屑地說：「十年太長了。如果我付出雙倍的努力，那又需要多久呢？」

「如果這樣的話，起碼要二十年。」大師回答。

「如果我夜以繼日地練習呢？」少年懷疑地問道。

大師回答說：「沒三十年是不行的。」

少年灰心了，他不解地問大師：「為什麼我每次說更加努力的時候，您反而告訴我需要更長的時間呢？」大師說：「當你一隻眼睛只顧盯著目標時，那麼，你就只剩下一隻眼睛可以去尋找方向了。」

有時，並不是時間抓得愈緊，過得愈忙愈好。我們在努力工作的時候，常常會掉入一個陷阱，為了把工作做好，往往拚命再拚命，不能自控，最終將身體搞垮，精神匱乏。

這種拚命的精神看起來是時間的節約，其實，過多的消耗，必然會導致其他方面的缺失。比如，思考的缺乏！一個整天忙於工作的人，冷靜思考的時間是不夠的。過於忙碌的時候，必然要反思自己，是什麼原因讓自己如此忙碌，細想之，顯然和自己的工作方式與工作方法有關。一個過度忙碌的人，是難以照顧自己生活的，更是難以照顧自己家庭的，如果因忙碌而放棄與親人的相處，那是極大的損失，也是生命的缺陷。

而且，只顧著朝目標奔去，反而會減緩成功的步伐，甚至與成功的距離愈來愈遠。心理學中有個「瓦倫達效應」，是說美國一位叫瓦倫達的高空走鋼索的表演者，他在一次重大表演之前，不停地向妻子說：「這次太重要了，千萬不能失敗。」結果，瓦倫達竟然就在那次重大表演中失足身亡。

放鬆一點，成功的路上，失敗一次也沒什麼大不了，放下心中的迷惑，放下心中的不滿足，輕輕鬆鬆地對待自己的工作。現代社會總是有太多的人背著沉重的包袱與人競爭，這些包袱壓得自己無法放鬆下來，結果，學習累，工作煩，生活痛苦。放下這些不必要的包袱，才會活得愉快，工作得輕鬆。

智慧品人生

今天的放下，是為了明天的得到。成大事者不會計較一時的得失，他們都知道放下，如何放下，放下些什麼。你不可能得到所有，漫漫人生路，只有學會放下，才能輕裝前進，才能不斷有所收穫。一個人倘若將一生的所得都背負在身，那麼縱使他有一副鋼筋鐵骨，也會被壓倒在地。不要以為弦繃得愈緊箭會射得愈遠，弓都斷掉了，箭怎麼還能射得出去呢？

3．執著未必是好事

理智的人總是集中精力致力於他們計畫的成功之事上。當事情不能實現的時候，他們會隨機應變。他們學會了在挫折中容忍，學會了在成長中學習和在適應環境中抓住機會。他們支配環境，而不是由環境支配他們。

放下執著，自由人生

當今的社會競爭日益激烈，都市人需要面對各方面的壓力。有的中青年白領，常常是職位愈高，精神壓力就愈大。快節奏、高強度的緊張生活已經使部分青壯年出現隱性更年期的症狀，並產生各種各樣的心理問題。

要想使自己精力充沛，就要克制、克服、壓制自己的欲望。心太累的話就先放下來，有時候執著未必就是好事。

一位智者講道前手裡拿著一個盛著些許水的杯子。他舉起杯子，讓所有的求道者都看到，然後問道：「你們猜猜看，這個杯子的重量是多少？」

「五十克！」「一百克！」「一百二十五克！」……求道者們回答。

這時智者說：「現在，我的問題是：如果我把它像這樣舉幾分鐘，會發生什麼事情呢？」

「什麼事情都不會發生。」一個學生回答。

「好吧。那麼，舉一個小時會發生什麼事情呢？」

「你的手臂會疼痛起來的。」又有一個商人回答。

「你說得對。如果我把它舉一天會怎麼樣呢？」

「你的手臂會變得麻木，很可能會受傷，最後肯定得去醫院。」一個農民認真地回答，這時大家都笑了。

「很好。不過，在這期間水杯的重量發生改變了嗎？」智者又問道。

「沒有呀。」大家一起回答。

「那麼是什麼使手臂疼痛，肌肉拉傷的呢？」智者停頓了一下又問道，「在我手臂開始疼痛之前，我應該做點什麼呢？」所有人都迷惑了。

「把水杯放下呀！」有個老師說。

「對極了！」智者說，「手瘦了，放下就好，對待煩惱，不也是這樣？或許這些煩惱就像是那杯水一樣，是你自己用手把它們給舉起來的。生活中遇到的問題正是如此。我們能很容易地放下有形的重物，卻很難放下無形的重擔。執著的人生會讓自己承擔莫名的重擔，所以學習放下執著就等於在學習人生的自由自在。」

當今社會，想要謀個理想職位不容易，這除了與整個客觀環境有關外，也與許多求職者心態不穩有關，好高鶩遠、自命清高，大事做不好、小事不願做，滿腹牢騷，虛度了許多好時光。

無論是碩士、博士，如不能在工作中體現你的知識和技能，一切都毫無意義，而工作是檢驗一個人價值、能力、作用的最好場所，與其在家抱怨，作無謂掙扎，不如放下架子，從小事做起，循序漸進，為自己日後的成長打下堅實基礎，為謀求更大的發展際遇增添機會。

放下學歷、背景、身分、地位的包袱吧！沒有什麼大不了的，不要太執著於你夢想中的東西，試著去應對可能遇到的任何機遇與挑戰，或許會發生一些讓你意想不到的事情。

人生需要思考，生活並不需要那麼些無謂的執著，沒有什麼真的不能割捨，放棄了，更容易生活，更容易快樂。

不要太執著，換條路走

不要硬逼著自己去執著於某一個目標，如果成功不了，不妨試著放棄，換條路走走看。有時，放棄也是一種收穫。

有一個在中國金融界工作的人，發誓要考上中國人民銀行總行的研究生。三大部《中國金融史》不知道看了多少遍，可是連考了好幾年都未考中。然而，在這期間不斷有朋友拿一些古錢向他請教，起初他還能細心解釋，不厭其煩。後來，問的人實在太多了，他索性編了一冊《中國歷代錢幣說明》。一是為了鞏固所學的知識，二是為了給朋友提供方便。

但是，他依舊沒有考上研究生。只不過，他的那冊《中國歷代錢幣說明》卻被一位書商看中，第一次就印了一萬冊，而且銷售一空。如今，他已經步入中產階級的行列，他的成功與一個研究生相比又差了多少呢？

在工作和生活中，我們都應該朝著自己既定的目標奮力拼搏，但是因為各方面的原因，並不是每個人的願望和理想都能實現。那些拼搏一世卻未獲得成功的人，會不會是因為他生命中真正精華的部分被自認為「不是最好的」，而從未得以展示呢？

只要不執著於那件根本不可能的事，成功會在另一個方向等你。

中國的李宇明教授，剛剛結婚時，妻子就患了類風濕性關節炎而臥床不起了，生活都無法自理。生下女兒後，妻子的病情又加重了。面對常年臥床的妻子、剛剛降生的女兒、還沒開頭的事業，李宇明矛盾重重。

一天，他突然想到，能不能把自己的研究方向定在對兒童語言的研究上呢？從此，妻子成了最佳合作夥伴，剛出生的女兒則成了最好的研究對象。家裡處處都是小紙片和鉛筆頭，女兒一發音，他們立刻記錄，同時每週一次錄下文字難以描摹的聲音。

就這樣堅持了六年，到女兒上學時，他和妻子已成功開創一項世界紀錄：掌握了從出生到六歲之間兒童語言發展的原始資料，而其他國家此項紀錄最長的只到三歲。一九九一年，李宇明的《漢族兒童問句系統習得探微》出版，在語言學界引起了震動。如果當初李宇明沒有放下自己的事業，語言學界也就少了一位大師了。

太多的時候，因為放不下不可能完成卻又一直堅持的某個工作，所以只能帶著創傷，無法接受新的經驗；還有的時候，面對更有價值的事物，因為放不下手裡的東西，不能作出新的選擇；時機與條件還沒有到來的時候，我們不知道要暫時放下，卻一味執著；還有的時候，知道自己還不足承擔某事，我們卻要逞強，不能先放下來，讓自己經歷一個成長的過程。

有時候，太執著就變成了固執、迂腐。成功的路徑不只一條，不要太過循規蹈矩，更不要放棄成功的信心，此路不通，那就放棄那條走不下去的路，換條路試試看。

智慧品人生

世界上沒有任何一條路是直的，學會讓執著轉個彎，或許成功會離得更近一些……而且在市場競爭的不斷加劇，利潤空間的無限壓縮下也會遊刃有餘，永遠都會生活得輕輕鬆鬆。

4．放下架子天地寬

擺架子的人只會使自己的就業之路愈走愈窄，因為你擺「架子」，計較「得失」，就等於人為地給自己畫了一個圈，限制了自己的手腳，而別人用起你來也會瞻前顧後、顧慮重重，會將目光投向他處；反之，則會給人一種具有良好團隊意識的印象，同事間的關係也會融洽，別人樂於幫助你，你的發展機會就大得多。

放下架子，路愈走愈寬

擺架子是一種極端不自信的表現，這其實是一種對自我的限制。架子愈大的人，自我認同愈強，自我限制也愈厲害。所以，博士不願意當基層業務員，高階主管不願意主動去找下級職員，知識分子不願意去做不能用上所學知識的工作……因為他們認為，如果那樣做，會有損他們的身分！殊不知，放不下架子，只會讓機會白白從自己身邊溜走。

許多人不肯做一些工作，就是因為放不下架子，覺得這樣是受屈辱。其實，放下架子並不是屈服，而是為自己另尋一個生機。古時，司馬相如、卓文君為了守護愛情放下架子，開小吃店維持生計；范蠡帶著西施隱姓埋名，放下架子從商，而成為富甲一方的陶朱公；越王勾踐放下架子服侍吳王夫差，終於復國……

有一則這樣的故事：一個千金小姐隨著婢女逃難，乾糧吃盡後，婢女要小姐一起去乞討，千金小姐說：「我可是個千金小姐！怎麼能去乞討呢？」小姐說完便不再理會婢女，結果，千金小姐被餓死，而婢女卻擁有了一次重生的機會。

「架子」只會讓人生之路愈走愈窄，這並不是說有「架子」的人就不能有得意的人生，但在非常時刻，如果還放不下架子，只會讓自己無路可走。比如，博士如果找不到工作，又不願意當業務員，結果便會因此而產生消極厭世的情緒，終成不了什麼大事。而如果能放下架子，那麼路就會愈走愈寬，因為路都是靠自己走出來的！

當今社會高材生比比皆是，大批有學歷的人照樣失業，找不到工作。如果他們能放得下架子，善待每一次良好的時機，從基層做起，總會有發光的一刻到來。因為，人生有一萬種可能，誰都不知道下一種可能是什麼。只要你放下了架子，一步一步地堅定地走下去，那麼，你就能愈走愈遠。

放下架子，做好官

時下，由於「官本位」等封建思想的侵蝕，個別政府官員淡忘了做人民公僕的本質要求，養成了做官當「老爺」的惡習，群眾私下形容他們「官不大，架子不小」、「水準不高，架子倒端得挺足」。政府官員和人民之間出現了這樣不和諧的關係，事業想要發展根本是無稽之談。

「架子」像一把無形的利劍，橫在政府官員和人民之間，即使是面對面，心卻隔得很遙遠。一個官員，能力有大小之分，但是最終能否造福社會、有所作為，和有無「架子」關係不大。

可以說，凡是得到群眾認可、成就一番事業的，都是沒有「官架子」的人。沒有架子，才能廣納真言。你與群眾交朋友，態度誠懇隨和、熱情謙虛，不拿腔拿調嚇唬人，言談舉止群眾接受得了，群眾就敢和你說真話、吐真言。因為他們知道，即使自己不小心說了幾句「過頭」的話，你也不會「秋後算帳」。

「放下架子，甘當小學生」，這是前輩們留下的優良傳統。放下架子，才能瞭解到真相。你把自己看做一個普通人，讓群眾感覺和你在一起，沒有貴賤之分，喜歡和你話家常，有什麼話都想和你說說。這樣一來，何愁不解民意呢！和群眾打成一片，並不會因此而有失自己高貴的身分，反而會提高自己的身分。

臧克家在紀念魯迅的詩中寫道：「俯下身子給人民當牛馬的人，人民永遠記住他。」此話同樣也能揭示一個好官在老百姓心中架子和威信成反比的關係。放下架子，才能贏得真心。你把百姓當親人，百姓才會把你當親人。與群眾親密無間，情同手足，他們就樂於把心交給你。

智慧品人生

事實證明，真正有才能的人就不會擺架子。放下學歷、背景、身分、地位的包袱吧！讓自己回歸到普通人行列中來，別在乎別人的目光和議論，大膽地從基層做起，從基礎工作做起，這樣，就業之路才會愈走愈寬，愈走愈順暢。放下架子，不要給自己設太多的屏障，放下架子，給自己一個和諧的工作環境。

5・無爭才能無禍

與人無爭，才可以親近於人；與物無爭，才可以育撫萬物；與名無爭，名才會自動到來；與利無爭，利才會聚集而來。禍患的到來，全是爭的結果。而無爭，也就會無災禍。

無欲則無爭

有些人在這個世界上活得很累，他們的欲望極大，妄想能夠擁有整個世界。他們忘了，上蒼賜予你欲望的同時也給了你災難，欲望愈大災禍愈多，沒有誰可以逃過此中劫數。

可以說，欲望帶給人們的是煉獄，是困厄，是良善的消滅，也是本惡的激增……有的時候靜下心來想一想，如果沒有了這些欲望，就不會為了名利爭，為了權力爭……

「無爭，不為名利爭」。也許生活在這個世界上，名利能帶給我們許多別人得不到的自豪感、成就感、榮譽感，但與此同時它也讓我們失去了很多人世間最平凡卻又最珍貴的東西，它讓我們作為一個人卻不能以一顆坦誠的心來面對這個世界、面對周圍的人；它讓兩個本來親密無間的人反目成仇；它使得我們最終沒有了友情，沒有了愛。

也許，沒有名利的我們不能名傳千古，不能「白玉為堂金做馬」，但是其實有跟沒有都是相對的，沒有也是一種有。你開心還是不開心，就在於你用什麼角度去看。平靜下來之後想一想，與別人撕破臉皮去爭搶那些生不帶來、死不帶去的名利是否真的值得？

無爭，可以獲得一片純淨如水的心境。現實生活裡沒有太多的應該，只要自己對自己負責。

人生不該有太多的抱怨，只要有一顆感恩的心。我們每一個人都是赤裸裸地來到這個世界上，不用爭，上天已經給了我們很多。我們剛生下來的時候只是個零，每個人在離開的時候也都還是零，又何必爭呢？

人活著就應該有一個健康的心態，有些東西是永遠都無法改變的，曾幾何時，我們虛榮過，幻想過，為狹隘的目標奮鬥過。但是待到重新回頭看待這一切時，覺得很多事情都雲淡風輕了，甚至還會為自己曾經的計較感到不值。

用一顆如止水般的無爭心態來面對生活，你會發現身邊有太多太多值得珍惜的東西。人有時真的很奇怪，往往要等到失去了才懂得珍惜。我們每個人都不知道下一秒會發生什麼事情，不如就在這一時刻把握住生命中能把握的東西。

而且，無爭還能使我們在學會珍惜之後得到人生的快樂。快樂沒有絕對的，只要我們能夠珍惜周圍的人和事，就會發現快樂原來如此簡單。人在一生中會和千萬人相遇，和千萬人相離，在生命中找到一個能夠信任的朋友，就是值得快樂的事。

無論在任何時候，無論我們做什麼事情，無論我們面對怎樣的環境，我們都知道，有這樣一個人，會支持著自己，能夠寬容和分享我們的快樂和悲傷，能夠看見我們的堅強和軟弱，這不也是一種快樂嗎？

無爭則無禍

老子云：「禍莫大於不知足，咎莫大於欲得，故知足之足常足矣。」無欲則無爭，無爭則無禍。「從來清白無遺禍，自古貪爭有後殃」。禍患的到來，全是爭的結果。而無爭，也就無災禍。

兩隻蟋蟀對視著，好像隨時準備撲上去置對方於死地，一場大戰將至。牠們的主人正密切地注視著戰局的發展。這是一個好鬥的主人，他正在挑選明天參賭的蟋蟀。

「咱們能否談談？」蟋蟀甲發出了和平信號。

「有什麼可談的？」蟋蟀乙問。

「你我這樣咬得天昏地暗，非死即傷，人類卻在看我們的笑話。每想至此，我都會悲憤滿腔。」蟋蟀甲說道。

「大哥，此話有理，我們就是不咬，看看人類拿我們怎麼辦！」蟋蟀乙說。

結果，過了好長的時間，主人只是看著兩隻蟋蟀似乎蠢蠢欲動，但卻一直沒有動靜，最後主人實在是不耐煩了就問牠們怎麼不開戰。

蟋蟀甲說：「今天我們兩個在這裡鬥，不管怎麼樣都會有一方受傷，沒受傷的那一隻明天又要去外面鬥，難免還是要受傷，就這樣鬥下去總有一天會死掉，為什麼不在今天就停止爭鬥呢？」

主人聽了蟋蟀的話，自歎連隻蟋蟀都不如，自己整天在外面與人爭鬥，總有一天會引禍上身。於是主人就把這兩隻蟋蟀放了，他自己從此再也沒有出去與人鬥過，老老實實在家讀書習字。主人終於明白禍患的到來，全是爭的結果。而無爭，也就無災禍。

可悲的是，世人總是不能像這兩隻蟋蟀一樣放下爭鬥，相安無事。錢財、名利、權力……這些只是人生的附屬品，生不帶來死不帶去，但有人偏偏為了這些爭得你死我活，落得個淒慘的結局。清朝的和珅爭了一輩子最後卻慘死，生前所爭到的錢財一分也沒帶走，還留下一個千古貪官的名聲。

無爭則無禍，在爭鬥的同時危險也在悄悄滋長。少一點爭鬥，多一份安寧。人生在世還有什麼比生命更重要的呢？此刻還在爭鬥的人們，放棄吧！前車之鑒，不會有好結果的。

智慧品人生

古人云：「無欲則無爭，無爭則無禍。」放下心中所有的貪念，停止正在進行的爭鬥，給自己一份安寧，還世界一個和平。

6．放下標準，用心去愛別人

愛是放下自己的標準，放下自己的信念，放下自己的「應該」與「不應該」，不加任何價值判斷地理解一個人，接納一個人，包容一個人，欣賞一個人。

職場標準

有人說，不管做什麼事，都會有一套標準。所以，在職場，也有其標準，這猶如人們在戀愛時定的愛情標準一樣。

可是，在愛情的世界裡，有所謂的標準嗎？有人問和對方會不會開始得太快？亦有人問，她的愛情觀是不是已經落伍了？要是愛情的產生時間真的有標準的話，那麼這標準到底從何而來，又是誰定的？

其實，在紛繁複雜的世界裡，很多事並沒有絕對的標準。由於每個人的職業不同，每個人都是獨特的，不同的經歷、性格和成長背景使人有不同的社會觀。立場不同，看法也不同。因此，職場標準也就會有所不同。難道遵守所謂的職場標準，你便能夠在一個地方長久待下去嗎？如果事事都循規蹈矩，你豈不是會活得更辛苦，而這樣又有什麼意思呢？

如果我們像機器一樣，只懂得按照一個個步驟進行，一切按標準進行，這樣的工作品質並不見得會提高。在工作上哪還會有創新，哪還有什麼熱情所在，這樣一來，工作對我們來說還有什麼意義呢？

其實，在職場生存並沒有所謂的標準，因為做好自己才是最重要的。如果自己不懂得如何為人處世，就無法很好地生存下去。正因為沒有標準，我們更要做好自己，這樣才能問心無愧。

身在職場，我們做好自己，努力工作其實就是為了時刻提升自己的能力，是為了自己進階的那一天，到那一刻，我們過去所有的辛勤付出都會得到回報！同事是我們職場上的夥伴，是親密無間的朋友或者矛盾重重的對手，當我們在職場中與其相處時，只有親密合作這種情緒能夠保留。職場是一個充滿理性的地方，投入過多的情感只會像迷霧一樣擾亂我們的視線，使你的職業生涯遭到致命的打擊。

不同的人，應該有不同的工作態度和方式，只有這樣，才能使散發出個人獨有的魅力。因為如果每個人都按照一樣的職場標準工作的話，那麼所有人的職場觀就會變得完全相同，這樣我們便失去了自己的特色，做什麼工作根本沒有任何區別。

假如真的有職場標準，用心工作，維繫好人際關係，講究職場道德，做好自己，就是最好的標準。

從愛自己到愛別人

在日常生活中，我們無論是討厭一個人還是喜歡一個人，都習慣於按自己的標準去衡量對方：不合乎我的標準，就討厭；合乎我的標準，就喜歡。工作守時是我的標準，如果對方是一個守時的人，我就喜歡他；如果對方常常遲到或早退，我就討厭他，甚至把他歸入不再深入交往的黑名單。衣著得體是我的標準，如果對方在乎自己的形象，我就喜歡他；而如果對方不修邊幅，我就討厭他。難道人與人的相處都是按標準進行的嗎？

愛情其實是一個從愛自己到愛別人的過程，同樣，我們在工作當中，也應該學會從愛自己過渡到愛別人。這個過程既簡單又複雜。簡單在於方式方法，而複雜則存在於內心。

心理學家說，現在的很多人都太愛自己了，而忽略了如何去愛別人。不肯屈就先道歉，覺得那是丟面子；不肯主動送禮物，覺得那是虛情假意；不肯幫助別人，覺得對方可以自力更生。那人與人之間的友誼還會存在嗎？難道彼此都守護著自己的堡壘，互不干涉嗎？答案當然是否定的。愛，是一種雙方的融入，是一種彼此的尊重，是一種互相的付出。只有用心去愛別人，才能贏得別人同等的尊重和愛心。

從經濟的角度看，愛的投資就好比是投資互動性很強的產業。當自己開始付出時，這付出的形式某種程度就在於各種日常事務當中。當然，這所有的一切都要建立在真心的基礎之上，否則純粹用假像堆積起來的過程也只能當成風景畫，而不能真正進入其中。當然如果說自己的付出失敗了，也不必因此而喪氣，因為從另外的角度講你積累了經驗，為下一次愛的投資做好了準備。

從社會效益的角度看，愛別人的同時，增加了人與人之間的信任感與融合性，每個人在這個過程當中學會了尊重，懂得了寬容，瞭解了付出，從而使得社會上的人情味可以得到進一步改善，同時自身的愉悅感也會因此大大加強。

所有的溝通技巧，所有的心理理論，都是在給人們做心理調解，引導人們邁出自我的門檻，走出自我封閉的狀態，融入社會中去。如果說一個人愛的能力很強，那麼他只需自己給自己培訓就夠了；如果愛的能力欠缺，總要找到某些方式，或是朋友或是社會培訓來重新培養這種能力，只是，每個人選擇的培訓方式有所不同罷了。只有懂得從愛自己轉移到愛別人，你才能在職場裡自由馳騁。

智慧品人生

人類之所以不自由，就是因為都在按自己的標準看人，這樣對他人就太不公平了。也就是因為這種不公平，人們才會處處受限制。人與人的相處應少一點標準，多一點和諧；少一點痛苦，多一點開心。因為我們總是在用自己的信念、價值觀和行為準則來衡量別人，所以我們才會滋生出好惡之情。如果職場真的有標準的話，那麼應該是這樣的：我允許你和我有不同的看法，我接納你與我有不同的做法，我理解你本應該與我存在差異，就像世界上無法找到完全相同的兩片葉子，我接受你的不同，也欣賞你的不同，我感恩因此創造出豐富多彩的世界。放下自己的標準，從容淡定地去工作和生活吧！

7・放下一些無謂的忙碌

一九一八年九月十六日，列寧去參加莫斯科黨委會議。有個人從座位上站起來鼓掌歡迎他，列寧嚴肅地說：「同志，坐下，不要這樣無謂地忙碌。」雖是即時之語，卻反映出列寧的求真務實和樸實無華，令人敬佩和深思。

無謂地忙碌

無謂，字面意思是毫無價值，而成語「碌碌無為」，說的也就是這個意思。忙得不可開交，卻是「無為」，豈不是太可怕了？

中國有一篇〈為官不能這樣忙〉的文章，作者列舉了種種無謂的忙碌，例如，忙著行政事務，忙著赴約趕場，忙著八面玲瓏，忙著逢場作戲，忙著你來我往……有人說，「忙、茫、盲」相連，無謂之忙到一定地步就變成了茫然，再發展下去就變成盲目了。像這樣的忙碌，既浪費了財力，又浪費了精力，何苦這樣呢？

一個公司想招聘一些做事有效率的員工。一群剛畢業的大學生到一家很有名氣的公司面試。主考官拿出一個大玻璃瓶放在桌上，隨後，他把一堆拳頭大小的石頭一塊一塊地放進瓶子裡，直到石塊高出瓶口再也放不下去了。

他問求職者：「瓶子滿了嗎？」他們都回答：「滿了。」

主考官說：「真的嗎？」說著又拿出一些小石子，慢慢倒進瓶中，並搖動玻璃瓶，使小石子填滿大石塊的間隙。「現在滿了嗎？」他又問。

這群大學生們似乎明白了他想要說什麼，連忙回答：「可能還沒有。」「很好！」主考官又拿出一杯沙子，慢慢倒進玻璃瓶。沙子填滿了石塊間的所有空間。

他又一次問他們：「瓶子滿了嗎？」「沒滿！」大學生們大聲說。然後主考官拿過一壺水倒進玻璃瓶，直到水面與瓶口齊平。

主考官拍拍手，問學生：這個例子說明什麼？一個學生說：「它告訴我們，無論你的時間多麼緊湊，如果你真的再加把勁，你還可以做更多事情。」

「不完全是。」主考官說，「它還告訴我們，如果你不先把大石塊放進瓶子裡，那麼你就再也無法把它們放進去了。」那麼，什麼是你的「大石塊」？你們也許每天在工作中忙忙碌碌，似乎很努力、很積極，但是否抓住了最重要的事情呢？在一個公司裡，員工的能力並不是完全體現在不停地忙碌上，而是體現在做事有沒有效率上面。每個公司都需要求真務實的員工。要想求真務實必須拋卻無謂的忙碌。在一個公司裡真忙？假忙？實忙？虛忙？這裡頭有境界、有態度、有水準的問題，但關鍵還在於「為誰辛苦為誰忙」。既然忙而「無謂」，費力不討好，為什麼有的人還津津樂道或心不願而勉為之？那是因為這忙中「有戲」，無謂中「有為」，甚至「有位」，所以才不顧實際，甚至不顧良心地去忙。放下那些無謂的忙碌，端正工作態度，這樣在忙中才會有所收穫，日子也會因此而過得充實快樂！

競爭職場，首先要有一個明確的目標，該做什麼，不應該做什麼，如果整天都在無謂地忙碌，無疑是在浪費時間，浪費生命。放下功名利祿，抓住屬於自己的「大石頭」，這樣的忙才會有價值。

如何忙碌

職場反映人生，一個不會認真工作的人，就不會認真生活。工作幾乎是每個人一生中都要經歷的事情。如何在職場中不被人擠得頭破血流，那要看你怎麼做。有的人忙得不亦樂乎，有的人卻忙得牢騷滿腹，更有的人忙得失去了自我。那麼，到底應該如何做到有效忙碌呢？

首先，要明確工作目標。這點尤其對剛工作不久的人來說最適用，初涉職場的人，對很多情況不熟悉，工作方法還沒有完全掌握，在接受主管交代的任務時，有時根本沒有弄清楚，卻又不好意思去問，於是按照自己的理解來做，做到一半後，才發現方向不對。雖然很忙卻沒有成果。對於這樣的情況，要讓分配任務的一方多重複一遍任務，並簡述一下完成的方法，確認自己已經完全明白後，再開始工作。

其次，要確定好工作方法。同樣一項任務，不同的人做就有不同的效率。一般情況下，對工作比較熟練、勤於思考的人工作效率會更高一些。工作效率高的人往往在開始一項工作前，對工作的目標、所採用的方法、需要的資源都會進行合理的規劃，確認後才開始實施，因為這樣才能提高效率。「磨刀不誤砍柴工」，如果你在進行一件你所不熟悉的工作，首先一定要主動弄清工作原理，不要一接到工作就馬上開始做，這往往會越做越難，甚至寸步難行。

最後，就是要做好時間管理的問題。很多人都會覺得自己整天忙忙碌碌，而工作卻毫無成果，這其實就是因為在時間管理上出了問題。

一個公司的新員工，在與主管談下週的工作計畫時，聽到自己座位上的電話響了，便急忙跑回自己的座位上接聽電話；一個部門經理，在參加總部召開的視訊會議時，被其他部門要求提供資料，便急忙離開會場幫忙整理資料……當然，偶爾出現這樣的情況，並沒有多大的問題，因為總有一些特殊情況或更緊急的事情要處理。但是如果經常這樣處理事情，恐怕就是在時間管理上出了問題。一旦確定做一件事情，最好將這件事情一口氣做完，尤其是在不適合中斷的事情上。

和主管談週工作計畫應該是比較重要的事情，而電話響未必重要，兩件事情同時出現的時候可以做一個選擇；與總部開視訊會議應該比較重要，除非認為這個會議很無聊，不參加也可以，如果其他人有工作要幫忙，可以告訴對方自己現在在開會，大概幾點結束，結束後再去幫忙；對於到區公所辦理繳納、停止或代員工領取等業務，如果每月集中到一天去辦理，就可以節約很多時間把零散的工作集中一個時間段處理，比方說：每月的幾號辦理什麼事情，每週的什麼時間處理什麼，每天的幾點集中處理郵件等，這樣也可以節約時間。最可怕的是，沒有規劃，一會接電話，一件事情還沒處理完，便又看到了新的任務，又開始去做新任務，還沒理出頭緒，便又有人要求你去做其他事情……

如果每天都好像有做不完的事情在等著自己，忙忙碌碌，卻沒有一點進展，沒有一點成果，這只能說明這個人不會工作。其實，只要掌握好做每件工作的時間，清楚哪件事急需辦理，哪件事可以往後放一放。不要忙著這個又去忙哪個，結果沒有一件事能完完整整地做好。瞎忙一陣，徒勞無功。

一個人的忙碌有很多原因，不管自己多麼忙，千萬不要浪費自己的時間，懂得怎樣忙碌才會有大的收穫，這是每一個在職場奔波忙碌的人應該停下來好好思考的問題。提高自己的工作效率才是最值得去做的事情。

智慧品人生

如果忙碌了一場，結果什麼成果都沒有，那就及時放下這些無謂的忙碌。想要使工作做得卓有成效，是有章可尋的。比如，一個科學的時間安排，便能讓你明確不同階段要完成什麼任務，為下一階段該做什麼準備；在工作過程中要及時總結，取長補短，懲前毖後，那麼工作結束後，你會發現自己大有收穫，心裡面也會很充實。保持一個良好的工作狀態，不要再去做那些無謂的忙碌了！

8．知識精英要放下「寵兒」心態

人，必須懂得及時放下，放下那些看似最有利可圖卻不能令人再進步的東西；人，必須鼓起勇氣，不斷學習，才能攀登生命的另一高峰。

放下「寵兒」心態

「如今的大學生不能再自詡為社會的精英，要懷著一個普通勞動者的心態和定位去參與就業選擇和就業競爭。」一位教育部有關負責人「一語點醒夢中人」。

在當今社會，對於大學到底意味著什麼，每個人都會有自己的看法。很多知識精英們會認為，大學就意味著工作，甚至意味著是鐵飯碗的工作。如果是在精英教育階段，大學生確實擁有眾多優勢，但是在普及教育階段，大學生只意味著受教育程度，和就業好壞並沒有多大的關聯。

高等教育毛入學率指一個國家適齡人口接受高等教育的比率。根據國際公認的標準，高等教育的毛入學率低於百分之十五為精英教育階段，百分之十五到百分之五十為大眾教育階段，百分之五十以上為普及教育階段。

以中國為例，一九九七年，中國高中毛入學率僅為百分之九左右；而到一九九八年，普通高中本專科招生數為一百零八萬，二〇〇〇年為兩百二十一萬，二〇〇三年則達到三百八十二萬，高等教育毛入學率達到百分之十七。這個數字並不包括那些被父母送到海外上大學的人數。根據這些數字，中國雖然還不能說是進入了高等教育普及階段，但是已進入高等教育大眾化階段。在以前的中國精英教育階段，通過淘汰率特別高的高考，在人才選拔上是優中選優。然後，大學按照國家計畫需要定向培養，畢業後將畢業生一一分配到早已安排好的用人單位。擁有了大學畢業生身分，就意味著擁有了國家幹部的身分。對於這種安排，幾乎沒有人會提出異議，畢竟大學生就等於是社會精英。然而，在大眾化教育階段，考上大學只代表著社會成員個體達到了這個標準，並不代表著會端上「鐵飯碗」。

大學生應放下寵兒心態，把自己定位為「普通勞動者」。在高等教育普及化的西方發達國家，大學畢業生並沒有擔任國家公職以及獲得高層管理職務的特權，能力的大小才是在職場拚殺的決定性因素。另一個需要指出的是，當媒體對於不少七、八十歲的外國老年人仍在攻讀大學學位而驚奇時，就是由於中國人忽視了大學生其實只是一個評價個人素質的條件。

告別「精英意識」，中國大學生必須意識到這一點。從精英教育到大眾化教育，這種轉變是社會的進步。大學生最關心的是就業，但是「就業不足」和「有業不就」同樣存在。雖然總體看大學畢業生的就業期望有所降低，到中小企業就業、靈活就業、自主創業的畢業生逐年增加，學生擇業觀念和心態在發生積極的變化。不要再受傳統觀念、社會輿論等多種因素影響，一定要跟緊時代的步伐，給自己作出正確的定位。

知識精英，角色重構

知識精英作為社會發展的獨特力量，在人類的社會發展中起著不可替代的重要作用。中國已進入和諧社會建設的關鍵時期，迫切需要各方面力量的協調整合。因此，在這樣的形勢之下，知識精英應該擺正自己的位置，力爭在和諧社會的構建中實現自我價值。

然而，那斯達克（NASDAQ）縮水與「911」事件的打擊，把全球IT行業帶進了「嚴冬季節」，中國的一些IT企業不免會感受到陣陣寒意。隨著英特爾等上游企業的大幅裁員，很多企業也開始進行「人員優化」。令當事人和旁觀者感到有一絲溫暖的是，IT企業裁員並不像聊天室的管理員「踢」人那樣冷酷無情，比如，給即將「離開工作崗位」的員工發一本《誰搬走了我的乳酪？》的圖書，就顯示了管理者的良苦用心。

IT企業裁員與大家常見的產業工人「下崗」（意指退下工作崗位，特別指中國國有企業在機構改革中，失去工作的工人）有著完全不同的意味。IT從業人員大多擁有較高的學歷，知識儲備比較深厚，技術素養處於人才金字塔的上端，一向被看做知識精英和「知本家」，在IT經濟處於漲潮期時，他們甚至被譽為「金領階層」。他們一旦離開工作崗位，比例往往比產業工人還高，這多少會讓人對經濟前景產生不安心理。

不過，這些「金領」人士並非完全沒有心理準備。置身於泡沫之中的人，應該最瞭解泡沫的不穩定性，也必然意識到了「前浪死在沙灘上」的極大可能。如果說知識精英有什麼不同於常人的地方，那至少表現在兩個方面，一是擁有專業知識和技能，二是有良好的應變能力。面對當前全球的經濟形式，沒有永遠的「鐵飯碗」。因此，只有運用良好的應變能力，調整心態，才能實現自身的價值。

「人才金字塔的上端」、「精英」、「知本家」、「金領階層」，一個短短的述評，就給資訊產業從業人員那麼多高帽子。離職了，不就是失業人員嗎？卻也要高人一等，講究「階層」，表示自己是特殊的，摘不掉那些高帽子。其實，不管「精英」的紙帽子糊得多高，離職了就是失業了，到沒錢買飯吃的時候，就需要摘下高帽子，去找活幹。

當《誰搬走了我的乳酪？》這本書放到了自己的辦公桌上時，追問「到底是誰搬走了我的乳酪」已經沒有必要，流淚和歎息也沒有必要，重要的是重新出發，去找到屬於自己的另一塊乳酪。中國經濟的飛速發展，知識精英也有可能會有找不到工作的命運，適時地進行角色重構，要學會放下不切實際的「高帽子」，從頭開始。

智慧品人生

知識精英有著年齡上的優勢，「再生」的能力不容小覷。只要正確認識自我價值，不斷刷新自己的知識結構，要在這個經濟發展總體看好的年代裡找到自己的位置，應該不是難事。對他們來說，最為重要的一點，莫過於放下「寵兒」心態，勇敢地面對工作中的挑戰。

9．不能糾正的事，何不順其自然

面對激烈的職場競爭、生活壓力和快節奏的社會活動，一個人如果調整不好心態，找不到一種正確排解和消除壓力的方法，難免被生活和工作壓垮。守住知足恬適的心理堤防，做到凡事順其自然，遇事處之泰然，得意之時安然，失意之時坦然，艱辛曲折必然，歷盡滄桑悟然。保持住一種平常心態，平平淡淡才是真。——《心理平衡點》

職場必學的「鴕鳥姿態」

對風華正茂的職場年輕人來說，情場和職場存在著天壤之別。「月上柳梢頭，人約黃昏後」自然比朝九晚五或是加班的工作要輕鬆浪漫，甚至有時候「忍受」愛情的煎熬也比「辛勤」上班勞動要受用得多。大概是因為戀愛比工作更容易入門，有很多女性在職場上仍採用情場上的思維模式，用戀愛的感覺去工作，當然會有種種讓人不敢恭維的表現。所以，很多公司在招聘時都容易採取重男輕女的態度。在情場上，女人就像商場購物的顧客，是被服務的對象，是男人的「上司」，需要冷靜、矜持、挑剔、善於發現問題，善於比較和挑選，對於男人能夠管中窺豹、淺嘗輒止，在有限的時間和一定程度地接觸中對男人作出判斷，當然還擁有蠻不講理的權利。但在職場中，上述這些特質和功能幾乎都在禁忌之列。工作就是幹活，意味著不可避免的枯燥乏味，存在令人生倦、令人生厭的環節，以及徒勞無功地付出。

在工作職場上，人需要一點傻乎乎的積極和遲鈍，需要少一點自尊心和多一點承受能力。形象地比喻，就是在工作中要學會有鴕鳥的姿態，對於工作中的種種壓力、矛盾、不公和不快要有視而不見的本領。

老闆的根本追求是利潤的最大化，至於員工的感受和收穫還不是老闆們思考的主要問題，恐怕將來也不是。員工個人的疲勞和委屈幾乎是不可避免的，不要指望老闆，能做到通情達理已很難得了。所以對天生敏感的朋友們來說，那些職場上人們的言談舉止，不要像在情場中細細品味，過度解讀。

由於一些人太過敏銳，對工作的內容、環境、人際關係等諸多方面有太多不滿，只要有一點不如意，就開始萌生去意，抱怨天下烏鴉一般黑。實際上最讓你滿意的工作通常是你還不瞭解的工作。對於工作當中涉及的人和事，不要有太高的期望值，最好有一顆寬容的心。如果你希望別人能容忍你的工作失誤，那麼，你也應該學會去容忍別人的失誤。當然，上述所說的「鴕鳥策略」也不是不思進取混日子，而是應該把精力放在工作本身。職場上，世事難料，人心難料，各種內在的外在的因素都有可能引起局面改變。

我們是人而不是神，有太多事情是人無法改變的，就好像不能讓打翻的牛奶再回到瓶中一樣，既然如此，何不讓一切順其自然呢？憂慮、掙扎都是沒有用的，命運給我們的都是最恰當的安排，當問題真的無法解決時，千萬別忘了，運用「鴕鳥策略」處事也不失為一種精明的工作態度。

順其自然也是一種辦法

人生在世，做很多事情我們都會感到無能為力，與其選擇苦苦掙扎，何不順其自然，或許還能柳暗花明又一村。

一個人是樂觀還是悲觀，似乎是天生的，是屬於個性的一個部分。相信大多數人都有過這樣的經歷：明知有些話不該說，但最終還是忍不住說了；明知有些事做了，上司或老闆會不高興，但在一氣之下還是做了。事後只有歸咎於個性，然後自嘲地說，「江山易改，本性難移嘛！我要是不這樣說不這樣做，那就不是我了。」更有「升級版」，就是把個性當作原則，如果在職場不如意，就會強調自己不能放棄自己做人的原則。

阿寶在一個規模挺大的私營企業做經理，能力不錯，業績也很好，只是他個性頗強，常常出口傷人。不論對象是誰，只要他覺得不對，便會給以顏色，最終他的同事及上司都無法忍受他的做事風格。老闆找他談話，希望他能尊重其他人的感受，因為他的能力不錯所以公司還希望留用，但他當即翻臉，說道：「看到不對的，我就是要說，這是我的個性，是我的原則！」結果可想而知，老闆終於忍無可忍，炒了他的魷魚。

很多人都曾有過和阿寶類似的經歷。且不論阿寶的行為對錯，他把「個性」與「原則」作為理由，就是職場的大錯與大忌。真正的「原則」是人類社會顛簸不破、歷久彌新、不言自明的真理，是人類行為的準則，也是不容置疑的基本道理，歷經考驗而永不改變；是一些不分時間、不分種族所公認的「價值觀」。

職場風雲變幻莫測，不可能事事都遂人願，事情已經發生，既然無法去糾正，無法讓它像從來沒有發生過。那何必還要耿耿於懷呢？不能糾正的事，何必還要糾正呢？

智慧品人生

對於職場中看不慣的事情，首先應該採取豁達的心胸看待它，努力做好自己的本職工作。對於別人的問題，採取「隨他去吧」的態度，順其自然，就會減少很多不必要的煩惱。對於別人的優點和長處，調整一下個性和認知，從而更好地適應環境。對於那些還在職場拚搏仍沒有成功的人，建議你們「以出世的心態做入世的事情」，很多東西太過強求不但無益，反而會使自己陷入更加尷尬的境地，抓住任何機會使自己全面成長，其他的順其自然就好了。

10．欲望無止境，何不讓自己知足

「知足常樂」聽起來有點消極，功利社會講求的是效率與競爭，這會不會阻礙社會的進步？其實不然，「知足常樂」非但不消極，反而是活潑、積極的，用現代人的形容詞叫「敬業樂群」。——《66條職場軍規》

降低欲望，知足常樂

人的欲望是無窮無盡的，人的痛苦很大一部分是因為欲望得不到滿足所致，心力交瘁的疲憊感也大多由此而產生。沒錢的時候，想錢，有了錢以後，又想有很多的錢；沒老婆的時候想老婆，有了老婆想兒女；有了病想健康，有了健康想長壽。人的欲望是永無止境的。生活在欲望裡的人們對生活永遠不會滿足，所以他們總是活得很累。由於永不知足，所以他們永遠不會快樂。

所謂知足，是種平和的境界；所謂常樂，是一種豁達的人生態度。生活中我們經常會為各種煩惱所困擾，比如一些人哀嘆社會不公、時運不濟，有一種「黃鐘毀棄，瓦釜雷鳴」的失落感，在這種心態下，覺得失意、失落或氣餒，感到活得很累、很苦、很煩，在哀嘆中消沉下去，一蹶不振，甚至產生輕生的念頭。其原因就是缺乏一種知足常樂的心態與心境。

一個農夫騎著毛驢走在路上，看見前面有位富紳騎著棗紅馬威風凜凜。農夫很自卑地長歎一聲：「我這輩子要是能有一頭棗紅馬該多好呀，這個小毛驢走起來真的太慢了！」內心很不平衡。但農夫回頭一看，發現後面居然有一位挑著擔子被壓彎了腰的老漢，累得汗流浹背。見此情景，農夫恍然大悟，自己與前面的富紳無法相比，但卻比後面挑著擔子的老漢要強上百倍。想到此，農夫的心裡便開始感到很知足、很快樂。這是個很普通的民間故事，卻蘊含著深刻的道理，那就是「知足者常樂！」

知足常樂，在煩躁與喧囂中，會過濾一種壓抑與深沉，沉澱一種默契與親善，澄清一種本真與回歸，久而久之，便會步伐輕盈，精力充沛。小說《笑傲江湖》裡有一句話：「莫思身外無窮事，且盡生前有限杯。」雖是虛構，卻不失為一種人生感悟，點出「人生一世，草木一秋」的真諦。如果人人都能知足常樂，世間便會少一點橫眉冷對，多一點笑臉相迎。

人生在世，知足常樂。對事，坦然面對，欣然接受；對情，琴瑟合鳴，相濡以沫；對物，能透過下里巴人的作品，品出陽春白雪的高雅。做到知足常樂，在待人處世時，就會有充滿和諧、平靜、適意、真誠的良好心態。

知足常樂是一種人生底色，當我們在忙於追求、拚搏的時候，這種在平凡中渲染的人生底色所孕育的寧靜與溫馨，對於風雨兼程的我們，是一個平安的避風港。

知足常樂，安貧樂道

「人生在世，名利而已。」這恐怕是當今社會不少人的人生觀。他們窮其一生爭名逐利，如果整日想著如何才能爭得更大的名、贏得更多的利，這只會無端生出無限的煩惱，如何還樂得起來呢？倒是那些安貧樂道的人，雖居陋室之中，仍笑曰「何陋之有」的人們，活得自在而瀟灑。

無論是在生活中，還是在職場中。如果我們對任何東西都不滿足時，就會感到內心有一種煩惱和痛苦。我們要以「比上不足，比下有餘」的心態去看待生活。只有這樣，才會快樂與幸福。

若自己沒有能力和條件過上富裕的生活，卻偏要去追求富裕和奢侈的生活的時候，這只會自尋煩惱，總懷疑春色在人家，卻沒有意識到自己平凡的生活，也會有著意想不到的幸福和快樂。

古人云：「春有百花秋有月，夏有涼風冬有雪，若無閒事掛心頭，便是人間好時節。」自然和生命給予我們的其實已經很多，足夠我們走完生命的歷程，我們所要做的便是知足，對生活充滿感激之情。一個不滿足的人即使是百萬富翁，也只能是一個精神上的乞丐，而一個知足常樂的人，即使粗茶淡飯，也是一個精神上的富有者。

人的欲望是無窮盡的，人們對生活是永遠不滿足的，適度的欲望會促使人們不停地拼搏和奮鬥，而過分的貪欲則往往會變成一種負擔，如果一味地陷於其中，便會錯過許多人生樂趣。而欲望少了，便能細細品味出人生的幸福，知足之「樂」，是無法用名利換來的。清末名臣林則徐有一副對聯便是：有容乃大，無欲則剛。這副對聯所反映出的，就是一種淡泊名利、知足常樂的精神。

知足常樂，是一種人性的本真，在孩童時代，我們會為擁有了自己夢想得到的東西而喜上眉梢，笑顏逐開，烙下一串串深刻的記憶，今日重溫，也許還會忍俊不禁，無論行至何方，所處何位，知足常樂永遠都是情真意切的延續。

知足常樂不是安於現狀的驕傲自滿的追求態度，而是一種看待事物發展的心情。《大學》曰：「止於至善」，就是說人應該懂得如何努力達到最理想的境地，和懂得自己該處於什麼位置是最好的。

一個人有著什麼樣的心態，對這個世界就會有什麼樣的認識和感慨。世間瞬息萬變，世事難料，人活著就得去適應生存的環境。在適應的過程中，有一點很重要，那就是要保持一顆平和的心，要學會隨著環境的變化，調整好自己的心態，用一顆坦然的心態面對這個世界，沒有必要過分羨慕他人的生活。每個人都有自己獨特的生活方式，每個人都是獨一無二的，有別人無法擁有的獨特之處。你在羨慕他人的同時，你很可能也是別人羨慕的對象。不屬於你的，你永遠都得不到；屬於你的，終究會被你所擁有。

很多事情我們總是在經歷之後，才會懂得它的彌足珍貴，最主要是我們遺落了那一份擁有時的心曠神怡。現代人匆匆的腳步已定格為一種時代的風景，競爭與挑戰接踵而至，在前進的道路上，如果我們都能知足常樂，樂由心生，對待困難的工作，就會如陽光般朗朗映照。

知足常樂，你才會幸福！

智慧品人生

人的一生，不如意事常有，關鍵要看你如何對待。正所謂「人比人，氣死人」，人與人之間實在沒有多大的可比性。有的人官運亨通、財源滾滾，諸多好事得來全不費工夫。輪到自己就不同了，千辛萬苦，百般努力，但還是可望而不可即。每當此時怎麼辦？怨天尤人？沒用；抱怨命運不公？也無濟於事；潑婦罵街？也只能是丟人現眼。最好的辦法，就是把功名利祿看得淡一點，認真工作，做一個樂觀向上之人。

11．利用「放棄」的力量，在工作中取得勝利

古人云：塞翁失馬，焉知非福。選擇是量力而行的睿智和遠見，放棄是顧全大局的果斷和膽識，人生如戲，每個人都是自己生命唯一的導演，只有學會選擇和放棄的人才能徹悟人生，笑看人生，擁有海闊天空的人生境界。——坎杜拉《66條職場軍規》

放棄是一門學問

人的一生總是習慣選擇成功、選擇占有，沒有人甘心選擇失敗、選擇放下。其實人生可以有很多種選擇，放棄也是其中的選擇之一。

面對一道難解的幾何證明題時，你必須學會放棄原來錯誤的思路，試著重新理出思路進行證明；走在人生的十字路口，你必須學會放棄不適合自己的道路，走適合你自己的路；面對失敗，你必須學會放棄懦弱，拿出勇敢；面對成功，你必須學會放棄驕傲，謙虛低調；面對公共利益，你必須學會放棄私欲，堅決維護；面對老弱病殘，你必須學會放棄冷漠，實施救助……

我們只有在困境中放棄沉重的負擔，才會擁有必勝的信念。放棄我們必須放棄的、應該放棄的，我們才可能更多的擁有。因為只有虛懷若谷，才可能呼風喚雨，吞雲吐霧；只有浩瀚如海，才可能不擇江河，千古風流。因此，在這個意義上說，學會放棄，就是在學會擁有。

富與貴誰不想擁有呢！如果不以其道得之，那麼也許將永遠無法擁有。而能夠擁有的富與貴的一條捷徑，就是學會放棄。人好像是一輛汽車，所能承載的重量也是有限的。如果超出承載

的重量，就要把所超之物放棄，否則只能是被不堪承受之重壓垮，到頭來什麼也不會屬於自己。「放棄」也可能是促成成功的一種必不可少的力量。

在職場生存，有太多不如意讓我們感到心力交瘁，放棄是一種選擇、是一門學問、是一種智慧，更是一種力量……只有學會了放棄，才會擁有更多。為了美好的明天，我們要開始學會放棄。放棄不是在困境中逃避的一種藉口，也絕不是我們在事業上為了推卸責任的一種托詞。魚與熊掌不能兼得時，為了獲得更大的收穫，一定要學會適當放棄那些不必要的東西。

學會正確的放棄

在放棄中，我們依然要將風雨擔在肩頭，不讓正義從身邊溜走。放棄心中的塊壘，絕不是放棄我們爭勝的氣魄；放棄身上的冗物，絕不是放棄我們戰鬥的利刃。金錢、名譽、地位，決不繫在腰間，國家、事業、未來，時刻放進心中。所以，學會放棄，只能成為我們避免失敗的手段，絕不會變成懼怕失敗預設的退路。學會正確的放棄，就不會在是否選擇放棄的猶豫中迷失自己。

有時候，放棄不僅僅需要勇氣，更需要一種智慧。時代不同了，放棄的方法，放棄的內容也變得不盡相同。面對新的事物，需要我們在事業和生活中好好學習，好好把握。天上不會掉餡餅，而地上卻到處都有需要我們繞過去的坎坷。放棄絕不是一道簡單的減法題。我們首當其衝要學會的，也許就是放棄自己仍然抱定的舊的思維模式。誰先放棄舊的定式，誰就可能贏得新的勝利，創造歷史。放棄該放棄的東西，才會向勝利一步步邁進。

一個老和尚和一個小沙彌一起外出雲遊，走到一河邊，沒有橋，只能淌過去。河邊一美貌女子恰巧也要過河，請求老和尚幫助。老和尚沒說什麼，就順便把女子背過河。過了河，與女子分別後，兩和尚繼續趕路。過了很久，小沙彌終於忍不住了，問老和尚：「師傅，佛祖說出家人不近女色，您怎麼竟然背女人過河？」老和尚笑了笑說：「我早就放下了，你還一直背著嗎？」

其實，小沙彌雖然行動上放下了女色，但心中卻不曾放下。而生活中真正的放棄不僅僅需要行動，更需要一種量力而行的睿智。人為血肉之軀，精力有限，時間有限，應該學會理智的取捨。取其要者而為之，不要者而捨之，不為瑣事勞心傷神。

放棄工作中那些永遠都不可能實現的幻想，放棄盲目擴張的欲望，放棄那些我們不想擁有的和那些對自己毫無意義的，甚至有害的東西，放棄一切該放棄的東西，瞄準自己的大目標，全力以赴，努力拚搏，才會成就一番大事業。

學會放棄吧！放棄並不完全代表著失敗和氣餒，務實的放棄是為了不失去更少。有時，選擇了放棄，也便選擇了成功和獲得。

智慧品人生

有的時候，我們經常會只看到眼前的比較直接的「小利益」，殊不知放棄這些「小利益」，還有更多更大的利益等著我們去擁有。無論是在生活中，還是在職場中，只有把眼光放長遠一些，才能發現更多比較隱蔽的「大利益」。明智的人總會在放棄微小利益的同時，獲得更多的利益。人生有很多東西要學習，首先應該學會如何放棄，放棄不是要我們停滯不前，而是走向成功之路的另一種選擇。正確地放棄不但不會鑄成大錯，還會讓我們擁有更加美好的明天。

第六章
自主創業，輸贏自定——愈放下愈成功

「創業」與「放下」有什麼關聯性？我們可以說，「創業」源於「放下」。要放下身段，做老闆不是做主管，過去的呼風喚雨都要換成輕聲細語；要放下偷懶，做老闆不是做員工，過去的混水摸魚都要換成親力親為；最重要的是，要放下顧慮，做老闆不能怕失敗，過去的空口白話都要當機立斷採取行動……不論什麼事，優柔寡斷，「當斷不斷，必受其亂」。要當機立斷，該放下的堅決放下。真正有大成者，往往是能夠放下的人，因為在放下的同時，你才真正爭取到了機會。

1．放下——成就人生偉業

「放下——成就人生偉業」，也就是說人生最大的幸福是放得下，一個人在處世中，拿得起是一種勇氣，放得下是一種度量，對於成功道路上的鮮花、掌聲，有處世經驗的人大都能夠閑視之，屢經風雨的人更有自知之明。

想成功，就放下

想成功，就放下！對於我們年輕的一代，想要成就事業，必須要有放下的氣魄，這並不是讓我們盲目地去這樣做，有時候我們要擦亮眼睛，分辨清楚哪些該放下哪些放不得，又有哪些東西是絕對不能放下的。其實一件事情，能不能放得下，關鍵在哪裡？不在口裡，不在行動處，而是在心裡。

人生最大的哀愁莫過於在痛苦中回想更痛苦的時光。而人生最大的不幸，並不是你遭遇何種災難，經歷過何種傷痛，而是你抱著苦難的石頭永不放下啊！人應該拿得起放得下，再好的事物也只是生命中一道美麗的風景線，走過了就由它去吧！古往今來，天災人禍，留下過多少傷疤，如果一一記住它們，人類早就失去了生存的興趣和勇氣。

大千世界，任何人不可能一生下來就是一個精英，這就需要有意識地練習。只有有意識地不斷練習，才能不斷總結、不斷進步，否則只會原地踏步，裹足不前。

任何人的生命都是有限的，要想成就偉業就需要瞄準一個目標，這說明立志的重要性。沒有志向的人生就像沒有目的地的航船一樣，只能在漫無邊際的大海轉圈圈，永遠不知到底要駛向何方。

一個人只有立下符合自己的志向，才能把有限生命的能量聚焦在一個點上，把事業之火點燃。不要拿不起放不下，在事業的道路上，我們要會放下，放下了，也就意味著你有一種成功的新思想了。

社會是一個大家庭，人生活在這個家庭中，是社會的一分子。你必須適應社會，與人相處；必須擁有良好的心理素質、審美素質，具備優秀的口語表達能力、書面表達能力、藝術表現能力、自我推銷能力、辨識禁忌能力等等。具備良好心理素質的人才能冷眼觀世界，笑臉對挫折，適時地學會放下，學會如何放下的思想。

「放下——成就人生偉業」，也要取決於自己的心態。成功與否，就看你是否學會了放下；放下，是一種智慧的力量；放下，是一種至高的學問；放下，是走向成功的必經之路。學會放下，為事業的成功而努力！

學會放下，離成功更近

學會放下，離成功也就更近了。執著於做不到的，反而會帶給我們最想要避免的痛苦。這裡所說的執著是一種褊狹的進取，一種盲目的前進，一種由於太在乎而患得患失的心態。

好比我們不願讓別人覺得我們平庸，不甘心讓競爭對手超過我們，不想讓同事看到我們工作中的失誤，不好意思讓別人察覺到我們個性中的軟弱。所以我們愈努力，反而愈容易不快樂。甚至，我們不能從容享受成功帶來的喜悅。

我們將生命都消耗在緊張焦慮的奮鬥上，消耗在講求速度和打拼的漩渦中，消耗在競爭、爭取、擁有和成就上，永遠以身外的生活和先入為主的偏見讓自己喘不過氣來。

放下，能體現每個人生存的價值，因為每個人都是世界上獨一無二、不可取代的，我們不要羡慕別人，不要在乎別人的眼光，更不要看輕自己。人生就是一個舞台，每個人都是自己舞台上的最佳主角，千萬別只會羡慕仿效你的配角。記住，扮演好自己的角色，因為舞台上最耀眼的人永遠會是你！

懂得適時放下，不但會海闊天空，同時成功的道路也將會更寬廣！失敗很難使人堅持下去，而成功就容易繼續下去。請記住：你無法在天鵝絨上磨利剃刀，而你可以學會放下，它是通向成功的另一個橋梁。

我們往往不能承受並努力躲避必然或者可能遇到的困難挫折、考驗和失敗，因此我們常常感到不安全，感到心中陣陣恐慌。這一切，全是因為我們沒有放下。所以說，放下是通往快樂之路，更是通往成功之路。

讓我們學會放下吧！放下利益的爭奪，放下權力的角逐，放下屈辱與仇恨，放下心中所有難言的負荷，凡是次要的，多餘的，能放下的全放下。放下，會使你獲得恬靜與從容；放下，會使你顯得豁達與豪爽；放下，會使你贏得尊敬與信賴；放下，會使你變得更加精明強幹、更有力量、更能獲得成功！

智慧品人生

放下是「追求成功目標之關鍵」。由卑而尊是成功做人的正向邏輯，欲做尊貴之人，先做卑微之事，放下架子才會更有面子。由低而高是成功處世的方程式。低調做人，高標立世，參與市場競爭，成就偉業，贏得尊敬，獲得處世之哲學和經營藝術。

放下是一種感悟，更是一種心靈的自由。學會放下，隨夢想一起起飛吧！成就偉業，鑄造輝煌。讓我們充滿激情共同譜寫美麗的幸福篇章，讓夢與你同在，讓成功與你同在！

2．放下顧慮，向前、向前

放下顧慮，向前、向前，一切皆有可能。也許，你會等到有一天，陽光灑滿你的世界，那將是永恆的極晝，天再不會黑，而極圈中的寒冷呢？就交給你來驅散吧！所以從現在開始，你要學會拋開一切顧慮，以一種無畏的精神向前衝！理想會實現，時刻堅信自己！放下包袱，堅定信心，團結一致，敦促自己前進！

拋開顧慮，努力向前

我們只有學會去欣賞自己，才能尋找到自己的方向，才能發現自己的特長，生活也才會因此變得豐富多彩，只要做了自己該做的事，走了自己該走的路，就會擁有想要擁有的東西，這一生就沒有白走一遭。

不要在自己的內心深處為自己的能力設限，當你拋開所有的顧慮和雜念，全力以赴地向前衝去的時候，才能真正地發揮出自己的潛力。請放下所有的顧慮，為自己的理想而努力奮鬥。

「一切放下，一切自在；當下放下，當下自在。」真乃至理名言，肺腑之談，除苦度厄，真實不虛。下面的事例，從一個側面有所體現。

有一個人，他對西藏這塊神祕的土地無限嚮往，讀了好多關於西藏的書，談西藏像談他的家鄉。他早想去西藏一遊，實地考察一下。「想去就去嘛！」朋友對他說。他回答說：「經濟困窘哪！」待他有一定積蓄了，朋友又和他說了同樣的話，他的回答是：「時間不足呀！」有時間了，「家裡離不開呀！」家裡能離開了，「今年氣候不大正常，去那兒恐怕適應不了。」理由總是現成的。

十四五年過去了，他仍常談到想去西藏，並用《為學一首示子姪》裡的蜀僧來自嘲說：「吾不如貧僧也。」語中不無遺憾，正是他有那些顧慮，讓他無法去做自己想做的事情。

回顧往事，我們每個人都有許多該做並能做的事沒做。妨礙我們做這些事的往往不是因為沒條件，而是「放不下」一些什麼，從而造成諸多顧慮。試想一下，我們有時是不是因擺脫不了對往事的顧慮心情而耽擱了去做目前的事？

「顧慮」是典型的「執著」，「放下」了就不會有顧慮。能做就馬上去做，不能做是因緣不湊，何憾之有？在許多時候，考慮得愈多反而愈猶豫不決，被「所知」障礙了去路。認定了一個目標就不要有任何顧慮地向前衝吧！

放下吧！放下心中的顧慮，不要讓那些顧慮影響你想做的事，積極地去面對，為了我們的目標而放下，放下了會讓你看到新的希望，放下我們該放下的，擺脫心中的雜念，為自己想做的事情而努力。

放下你的顧慮

「失敗是成功之母」，已經失敗了，還有什麼顧慮呢？不如放下顧慮，繼續向前進。

小明剛開始學英文時，很喜歡英文這個科目，總是一直纏著老師問：「老師，什麼時候才考試啊？」老師回答：「過幾天。」

考試的那天，小明信心滿滿的，以為自己一定會考好。過幾天，結果很快出來了，小明竟然只考了五十五分，他又氣又傷心。回到家，失望地把考試結果告訴了爸爸媽媽，可是爸爸媽媽並沒有生氣，而是溫和地對他說：「孩子，不要氣餒，失敗是成功之母，人難免會有失敗的時候，你應該把失敗的原因找出來，汲取教訓，下次考得更好。」

聽了爸爸媽媽這些意味深長的話，小明才平靜下來，並回憶了考試經過。原來在考試的時候，他對老師說的意思理解錯了，老師讓他們在答題紙上用字母「A、B」作答，他卻粗心大意，寫成了數字「1、2」，再加上心情緊張，腦子變得遲鈍了，一時沒反應過來，將答卷交了上去。

最終，小明找到了失敗的原因。在以後的各種考試中，無論是國語考試，還是數學考試，他都時時刻刻提醒自己不要緊張，認真聽老師講考試規則，不給自己施加壓力，不患得患失，顧慮重重。在期中考時，他放下了緊張的心情，取得了第二名的好成績。

「失敗是成功之母」，面對失敗，不膽怯只是成功的第一步，更重要的是放下心中的顧慮，失敗後認真反思，找出失敗的原因去克服它。放下顧慮，能讓我們創造更多鍛煉的機會，也就會更進步了！

人的一生本來就是不完美的，如果處處如意，便只有一種單調的色彩。正是因為有了失敗，才能彌補它的殘缺，令其豐富。生活本身就平淡如水，放一點糖它就是甜的，放一點鹽它就是鹹的。想調製什麼樣的味道，全在於自己的心境。

心胸放開了，一切的悲哀和傷害便顯得微不足道。顧慮放開了，你就會坦蕩地活著，就會用坦然的態度去迎接一切，承受一切。心如果能夠放開，能夠自由，天空才會無雲，陽光才會燦爛，生命之花才會盛開！

人只有摔跤之後才能學會走路，人人皆懂，可是，我們長大後，反而顧慮各種東西，懼怕摔跤了，其實顧慮不能解決任何問題的，顧慮也不能阻止你摔跤。不要為一些經驗所束縛，做自己喜歡做的事，只要你喜歡，拋開一切，那麼一切皆有可能。

失敗並不可怕，不要把失敗當成一種顧慮，不要讓失敗成為你向前進的絆腳石，要找出它的原因去努力打破它！用坦然的心面對困難，永遠向前！放下一切顧慮，立即行動起來，用你的滿腔熱情，積極投入到有趣有味的工作中去。老天不負有心人，你有多大的投入，就會得到多大的回報，相信你一定能走向成功。

智慧品人生

放下顧慮，並對自己狠一點，澈底一點。狠到要心有餘悸，之後再也不敢越雷池半步；澈底到萬事已過，寵辱皆忘。愈是顧慮，愈是無法坦蕩，只有放下顧慮奔跑著努力向前，不再回頭，才會成功。

3・管得住自己，才能成就大事業

管得住自己，是成功不可缺少的條件。

學會約束自己

每個人都有欲望，欲望是人的一種本能，睏了有睡欲，缺東西用時有物欲，想做領導有權欲。任何人都有欲望。有了這些欲望，就會產生實現這些欲望的行為。人的行為正是源於欲望。正常的欲望，輔之以正當的行為，就會產生良好的預期效果。

然而，在現實生活中，許多罪惡和醜陋現象的形成，根源往往在於不正常的欲望或非理性的欲望。所以，人面對欲望時，不僅要規範自己的行為，還要自己管住自己，更重要的是控制好自己過分的欲望。

欲望過多過大，必然就會貪心。貪求私欲者往往被財欲、物欲、色欲、權欲等迷住心竅，終至縱欲成災。《韓非子．解老》說：「有欲甚，則邪心勝。」私欲太多，邪惡的心思便占了上風。《劉子．防欲》說：「欲熾則身亡。」私欲太強烈了，會使人喪命。《慎言．見聞篇》說：「貪欲者，眾惡之本。」把貪求私欲作為一切罪惡的根源。

放縱自己的貪欲，就會心生邪惡，就會腐敗墮落，甚至招來殺身之禍。貪欲，不知斷送了多少官員的仕途，又不知使多少人作繭自縛，身敗名裂。所以，自己管住自己先要管住自己的欲望，切不可任意放縱。

人，一定要自覺地、嚴格地管束自己，充分意識到不嚴格管束自己後患無窮，一旦釀成大錯再管自己就後悔莫及了，其結果只能是「親者痛，仇者快」。一個政府官員在政壇摸爬滾打一輩子，最幸福的事莫過於平平安安地度過自己的政治生涯。為此就必須自覺地接受國家法律、法規的約束，受社會道德、觀念、輿論的約束，尤其要自覺地規範自己的行為。

約束自己很難，管住自己更難。聰明人做事要時時考慮後果，考慮後果就是終身愛護自己、保護自己，而不要自己毀了自己。世界上最關心自己的莫過於自己，自己不管自己，誰管自己？不管我們做什麼事情，都要嚴格地約束自己，為我們的事業而規範自己。

管好自己＝成功

人生最大的不足就是不能戰勝自己的懶惰自棄，最難的是管住自己的私心雜念。管住自己，就能管住世界；管住自己，就能戰勝困難；挖掉毒瘤，就能永遠健康。要做到這三點，僅有決心是不夠的，僅在具體上下功夫是不行的，必須要正確清理心靈的垃圾，用知識擦亮眼睛洞察是非，用理論指導自己不走偏路。真正的人生道路，源於自己，超脫自己。沒有自律，就不會有成功。

有一個脾氣不好的小男孩，總是在家裡發脾氣，摔摔打打，特別任性。有一天，爸爸把這孩子拉到後院的籬笆旁邊，說：「兒子，你以後每跟家人發一次脾氣，就往籬笆上釘一根釘子。過一段時間，你看看你發了多少次脾氣，好不好？」孩子想：那有什麼？我就試試吧！

後來，他每嚷嚷一通，就往籬笆上釘一根釘子。一天下來，自己一看：哎呀，一堆釘子！他自己也覺得有點不好意思。

他爸爸說：「你看你要克制了吧？你要能做到一整天不發一次脾氣，那你就可以把原來敲上的釘子拔下來一根。」這個孩子一想，發一次脾氣就釘一根釘子，一天不發脾氣才能拔一根，多難啊！可是為了讓釘子減少，他也只能不斷地克制自己。

一開始，男孩覺得真的很難，但是等到他把籬笆上所有的釘子都拔光的時候，他忽然發覺自己已經學會了克制。他非常欣喜地找到爸爸說：「爸爸快去看看，籬笆上的釘子都被拔光了，我現在不發脾氣了。」

爸爸跟孩子來到了籬笆旁邊，意味深長地說：「孩子你看，籬笆上的釘子都已經被拔光了，但是那些洞永遠留在了這裡。其實，你每向你的親人朋友發一次脾氣，就是往他們的心上打了一個洞。釘子拔了，你可以道歉，但是那個洞永遠不能消除啊。」

所以，不論我們做哪件事情，都要先想一想後果，就像釘子釘下去，哪怕以後再拔掉，籬笆已經不會復原了。做事前一定要謹慎再謹慎，以求避免對他人的傷害，減少自己日後的悔恨。

學會克制自己的情緒，記住禍從口出；學會自己管住自己，就會減少對朋友、同事、親人的傷害，那麼你的人際關係會更和諧一些，我們所處的世界會更多一些溫暖，你的事業成功的機會也會更多一些。

管好自己，也是留一盞明燈照亮自己。前路茫茫，坎坷泥濘，那淒迷的風雨、重重的迷霧常常讓我們辨不清方向，找不到路徑。但是，只要我們牢牢地管住自己的內心，不動搖，不迷失，那我們就不會偏離正確的人生軌道。

在我們奮鬥的過程中，一時的喝彩，短暫的掌聲，雖然會讓人心潮澎湃、激動不已，但也最容易使人駐足留戀。如果我們沉溺於一時的快意，而忘了最終的目標，那麼就會喪失鬥志，甚至遺恨終生。學會自己管好自己，為了最終的目標而堅持。

智慧品人生

你在風雨兼程的人生旅途中艱難跋涉時，千萬不要忘了管好自己。只有這樣，才能不斷地透視自己的靈魂，檢點自己的內心，讓自己在為理想而奮鬥的過程中，一刻也不背離自己的初衷，一刻也不迷戀沿途的風景；讓我們的行為堂堂正正，讓我們的手腳乾乾淨淨，讓我們的收穫實實在在。

4・鍥而不捨與鍥而捨之

駑驥一躍，不能十步；駑馬十駕，功在不舍；鍥而舍之，朽木不折；鍥而不舍，金石可鏤。——荀況

堅持不懈，不屈不撓

人生的成功，事業的發展，取決於主客觀的多種因素。王安石認為：「世之奇偉瑰怪非常之觀，常在於險遠，而人之所罕至焉，故非有志者，不能至也。」這啟示我們：要看到常人無法看到的奇觀，達到常人無法企及的高度，就要堅持不懈，勇往直前。

勇往直前，是無往不勝的必要前提；百折不回，是走向成功的重要保證。進一步，可能風景如畫；退一步，可能遺憾終生。做事情應該有一種堅持不懈，不屈不撓的精神，只要確認了方向，就不會為困難所嚇倒，不因干擾而動搖；義無反顧地將追求進行到底。

在這個世界上，沒有人一出生就註定會成功，也沒有人一開始就註定會失敗，成敗的結果取決於過程，取決於自己，只要自己全力以赴，堅持不懈，永不言棄，那便無悔於天地。讓我們一起努力地堅持，努力地為之奮鬥。

弗洛倫絲·查德威克是一個成功橫渡英吉利海峽的女性，但她並不滿足，決定超越自己，她想從卡塔林納島游到加利福尼亞。整個游程十分的艱苦，刺骨的海水凍得弗洛倫絲嘴唇發紫，連續十六小時的游泳使她的四肢異常沉重。弗洛倫絲感到自己快不行了，但目的地還不知有多遠，

如今連海岸都看不到。

愈想愈累，她感到自己一點勁兒也用不上了，於是對陪伴她的艇上的人說道：「我放棄了，快拉我上去吧！」

「只剩一公里就到了，堅持一下！」

「我不信，如果只有一公里，我怎麼看不到海岸線，快拉我上去。」

弗洛倫絲最終被小艇上的人拉了上去。

小艇飛快地向前開去，不到一分鐘，加利福尼亞的海岸出現在眼前——因為大霧，它在半公里範圍內才能被人看見。

弗洛倫絲後悔莫及：「為什麼不相信別人的話，再堅持一下呢？」

其實有的時候成功與失敗的差距往往僅有一點點，前面大部分的困難已使人筋疲力盡，這時即使一個微小的障礙也可能導致前功盡棄，你只要咬緊牙關堅持一下，勝利便近在眼前。

在現實生活和工作中，往往有許多人對失敗下的結論都太早，當遇到了一點點挫折時就對自己的工作產生了懷疑，甚至半途而廢，以至於前面的努力都白費了。只有經得起風雨和各種考驗的人才會是最終的勝利者，因此，不到最後關頭絕不要放棄，一定要堅持到底。

亦捨亦得

做任何一件事情都不要半途而廢，必須堅持到底，鍥而不捨方能成功。但是並非萬事皆要鍥而不捨，有時必須慎重考慮，然後適時放手，鍥而捨之。

東漢末年，諸葛亮侍奉蜀主劉禪，六出祁山，每次都是用盡奇計，大破敵軍。然而每次即將問鼎漢中寶地之時，無知皇帝聽信讒言，要諸葛亮回朝，導致漢中之地諸葛亮到死也未得到。

人們常歎可惜，但試想若諸葛亮不聽皇令，不班師回朝，乘勝追擊，即使得到了漢中之地，最後還不是會落個不忠不義之名。若諸葛亮鍥而不捨，追擊敵軍，那他縱使有過人之智，又怎會像現在一樣流芳百世呢？諸葛亮鍥而捨之，正是他智慧所在啊！

可見，有時候鍥而捨之是多麼有必要。如果能夠將鍥而不捨與鍥而捨之相結合的話，那這個人必將有一番作為。

鍥而不捨是一種難能可貴的堅韌毅力，而鍥而捨之更是一種非常人所能有的明智舉措。一個人既能一直鍥而不捨，又能適時鍥而捨之的話，那便是人們常說的大智大勇之人了吧！集智慧與勇氣於一身，何愁會碌碌無為呢？

心比天高，人的理想是遠大的；然而人生中往往要捨棄一些東西，看似簡單的事情，卻要我們運用智慧去取捨。捨得，捨得，不捨不得。捨就是得，小捨有小得，大捨則大得，不捨則不得。所以，人生的學問不是如何去得，而是在於如何去捨，學會了捨才懂得了得。

智慧品人生

人們要懂得捨棄，善於捨棄，找到自己真正的目的，開闢出兩點間最短的那條線段並為之奮鬥；如果總是不捨得，生命中就會出現許多枝枝節節，最終失去主幹，留下的只有一顆支離破碎的、空虛的心靈。該捨棄的時候我們就要捨棄，為了我們的理想而加油！

5．最糟，也不過從頭再來

不斷探究是成功之母，從頭再來是成功之父。——愛迪生

「失敗是成功之母」早已成為人們生活中的座右銘。而「從頭再來是成功之父」，既包含了「失敗是成功之母」的意思，又具有不怕挫折、奮發向上的積極態度！人生的精彩在於積極的態度，人生的可貴在於永不言敗。我們要用積極的態度處理一些消極的事情，不懼怕失敗。

一九九六年，于娟「下崗」了，當時她是原西南工具總廠游標卡尺裝尺工，但如今的于娟，是中國貴陽市的名人。她有很多「頭銜」：中國國務院授予的「全國青年興業領頭人」，貴州省「十大下崗創業明星」，貴州省個協、私協美容美髮委員會副會長。可是提起于娟五年的創業歷程，她自己都說，在開美容院之前，她是一個不成功的「商人」。西南工具總廠進入困難時期，于娟與丈夫一起離開職場等待工作，兩人的收入已不能支撐家庭開支。看著上學的女兒，多病的母親，正上大學的妹妹，于娟與丈夫商量後決定，自己去做生意，丈夫則繼續待工。

讓我們從零開始

下崗後，于娟像很多離職的人一樣，首先想到的就是擺地攤，批發小東西來賣。每天，她蹲在路邊，守著小攤，眼巴巴地盼著有人光顧。就這樣看著來來往往的人群守了一個月，連便當都捨不得買，但到最後算帳時，竟還虧了幾十元。小東西不好賣，就賣別的吧。于娟從家裡擠出一百二十元，從水果批發市場批發櫻桃來賣。但這回，櫻桃一顆顆爛在家裡，趕緊處理，還是虧了

五十元。賣用的、吃的都賠錢，于娟又改賣穿的。東挪西借後，她去進了一批皮鞋，每天她把幾大捆鞋裝在蛇皮口袋裡，用自行車馱著，四處叫賣。

一個秋雨連綿的傍晚，于娟去賣鞋，艱難地在凹凸不平泥漿四濺的路上騎行。這時蛇皮袋絞入後車輪，她連人帶車栽倒在爛泥中，幾次想爬都爬不起來。正好一個釣魚的老人路過，將她拉了起來，還幫她把散落滿地的皮鞋撿起來。就這樣，皮鞋生意也半途而廢了。家裡也沒有錢讓她再去「折騰」，經朋友介紹，她到雅芳公司當了化妝品推銷員。由於長期的風吹日曬，東奔西跑，于娟患上了嚴重的胃病和美尼爾氏綜合症，臉部皮膚粗糙，還有大塊的黃褐斑。以這樣的形象去推銷化妝品，就有顧客公開奚落她：「看看你自己的樣子，居然也來做化妝品推銷。」于娟沒有氣餒，她覺得很多人下崗後不再創業是因為不肯放下身段，這對於她來說不算什麼，生活嘛，誰還不得過幾道坎，她一定能做好。於是，于娟每天穿梭於大街小巷，四處推銷，終於使自己的生意有了轉機。顧客的奚落一直是她胸口的痛，但也讓她看到商機——美容業。于娟放棄了已能養家糊口的推銷工作，到一家美容院當起一個月只有一百五十元工資的「學徒」。

在美容院打工三個月，是于娟學習的三個月，她全部的工資都變成了相關書籍，加上師姐的指點，她的技藝突飛猛進。三個月時間，這家美容院已不能滿足她的求知欲，在丈夫的支持下，她變賣了家中唯一的電器——電視機和部分家具，來到貴陽一家專業美容美髮培訓中心學習，拿到了高級美容師證書。學成後，于娟借了一萬元，租了一間十二平方公尺的店面，開了只有兩張美容床的「娟娟美容院」。

有了自己的目標，有了自己的天空，于娟更加努力，摸索出一套屬於自己的洗臉按摩手法，更在化妝、紋眉上有了很大的提升。從此，于娟的生活步入坦途，生意越做越大。現在，于娟的美容院更名為美容美髮形象中心，有兩百四十平方公尺，上下兩層樓，有員工十餘人，美容床二十一張，有自己的美容美髮培訓學校。于娟成功了，回憶自己的創業歷程，她說道：「想想這一生那麼艱難的路都走過來了，還有什麼好害怕的，最糟，也不過重新再來嘛！沒什麼大不了的。」

我們應該像于娟一樣，不管遇到什麼，都要有信心去面對。其實做任何事情都會遇到一定的困難，困境和挫折有時候不一定是壞事，它反而會讓我們的腦子更加清醒，思想更深刻。

人生的路從來不會是一帆風順的。別人的路不是自己的路，只有自己去走了，才會有了自己的路。面對一些坎坷時不要退縮，不要氣餒，一次不行，我們可以兩次，兩次不行也不要灰心，要記得，大不了，我們從頭再來，從零開始。

人生豪邁，不過從頭再來

人的一生是一個漫長的路程，不要因為成功或失敗而放棄從頭再來的勇氣。殊不知，一花的凋零荒蕪不了整個春天，殊不知，一次的成功也成就不了整個人生。朋友，寵辱不驚，笑看雲淡風輕是生活對我們的要求，從頭再來，正確面對人生，是我們對自己的渴求。朋友，既然我們人生的征程已經開始了，不要放棄，從頭再來將帶你踏上成功的旅程！

我們都見過一種叫做「不倒翁」的玩具，「不倒翁」的重心在下面，所以無論你怎麼推它，按它，只要一鬆手，它立刻又會直立起來，因此，它永遠都不會趴下。人生正是這樣，由於不斷地經受磨難，人才能變得更堅強。你從失敗中學到的東西，遠比你從成功的經驗中學到的東西要多得多。

沒有人喜歡失敗。因為，失敗大多是一些令人痛苦的經驗，甚至是讓你的人生受到重創的體驗。然而，一生順利且從未嘗過失敗滋味的人，是不存在的。不管你有多偉大，有多麼的不同凡響，只要你是一個人，只要你是一步一步地走著你的人生之路，那麼你就或多或少地經歷過失敗，只不過是輕重程度不同而已。

當然，你也可以不承認這一點，你完全可以說自己從未失敗過，因為你的人生之路非常順暢，你從未遭受過任何打擊與一點點的失敗。那麼可以說，你的人生也許毫無意義，你所謂的成功也是一種虛幻，因為，沒有經歷過失敗的人生是枯燥的，是缺乏真實意義的，甚至說是不可能存在的。

其實，失敗並不可怕，真正可怕的，是不承認自己有過失敗的經歷。因為在人生旅途上，失敗是正常的，不失敗才是不正常的，重要的是你面對失敗的態度是什麼，是否能夠反敗為勝。如果你因為一時的失敗便一蹶不振，那麼，不是失敗打垮了你，而是你那顆失敗的心把你自己打倒了。所以我們要豪邁地從頭再來，戰勝失敗。

我們要有勇氣去面對挫折，有了勇氣，才能排除萬難，一往無前。從頭再來，因為肩上有責任、眾人有期盼，可以愈挫愈勇，屢敗屢戰；因為總結了經驗，吸取了教訓，可以重整旗鼓，好好努力大幹一場。

智慧品人生

讓我們從頭再來吧！從哪裡跌倒，就從哪裡站起來。相信自己就一定能夠做好。不要去在意別人的看法，因為自己才是最瞭解自己的人。這樣想的話，下次就一定成功！沒什麼可抱怨的，沒什麼可遺憾的，沒什麼可喪氣的。因為一切都不晚！要輸得起，要放得下！看成敗，人生豪邁，只不過是從頭再來。黑暗過去了，黎明就會在我們的身邊，人生的冬天已經過去了，春天也就到來了。

6．放下面子，堅持到底

走自己的路，讓別人說去吧！——但丁《神曲》

創業需要放下面子

阿達一直想當大老闆，可是，父母沒有給他留下基業，而且他也沒有啟動資金和投資項目，所以只能在夢中過過老闆癮。有位朋友很瞭解他的性格，勸他從小本經營開始，哪怕去擺地攤。但阿達放不下面子，始終沒有走上街頭。

那天，阿達在大街上閒逛，突然看到一個開著一輛嶄新的高級轎車朋友，阿達呆了。朋友跟阿達的家庭背景差不多，他是怎麼發財的？朋友看到阿達，把車停下，穿著一身名牌服裝走到阿達面前。阿達紅著臉和他握手，吞吞吐吐地問他，這幾年你做什麼生意？朋友說他在南非擺地攤。阿達不信。朋友答道：「過一陣兒，你和我去南非，體驗一下擺地攤的生活。」

過了一段時間，朋友處理完國內的一些事務，幫阿達辦了一張三個月期限的簽證，帶著阿達去了約翰尼斯堡。

到了南非，阿達發現，在約翰尼斯堡繁華的街頭路尾、車站周圍、商貿社區都有擺地攤的中國人，他們表情自然，向來往的人推銷著各種小商品，全然沒有那種羞於見人的樣子。阿達的朋友擺好了地攤，小商品賣了一件又一件，一天下來收入的蘭特（南非貨幣）折合人民幣兩千多元。他告訴阿達，在南非擺地攤，一個月完全可以收入幾萬人民幣。所以，他們這些地攤主從不覺得自己丟面子。以前，有幾個中國朋友初來南非時，因為放不下面子，結果，半年簽證到期，連回國的費用也沒有賺到手。

面子是阻礙創業的絆腳石，放下面子，等於打開了一扇謀生的大門。在現實中，總有一些人為了面子奔波一生，最後留給自己的還是煩惱一堆。其實，他們輸的不是他們的個人能力，也不是他們的處世技巧，而是這個不名一錢的薄薄的臉面。其實，只要換一個角度，人生和事業就可能是另一番景象。

放下面子，失業者成修腳明星

「三百六十行、行行出狀元」用在中國西安市民劉尊眾身上是最適合不過了，他花了八年時間，在修腳行業成功創業的經歷，是這句話最好的印證。

一九九八年，在家人的百般阻撓下，劉尊眾毅然決定主動下崗。他說：「沒品質的生活要到什麼時候，我要自謀出路。」離開工廠後，劉尊眾還很茫然，不知道要做什麼時，看到一則政府為下崗職工開設培訓班的消息，於是，他報了一個「腳病修治」培訓班，認為有腳就有病，只要掌握了修治腳病技術，肯定能賺錢。有著大專學歷的劉尊眾選擇了修腳行業，是家人朋友都無法理解的，他們頻頻向他潑冷水。父親對他主動下崗一事傷透了心，罵他丟先人臉！可是劉尊眾卻想，就是因為這個行業被人看不起，才要學好。在進入「腳病修治」培訓班後，因為生活拮据，他在班裡只吃饅頭和鹹菜。練刀功時，別人用一把一塊五毛的全新木筷來練習，他用的是從各餐館撿來的用過的木筷。通過苦學，他成為培訓班中修腳手藝最好的學生。

刻苦的學習讓他學到了手藝也贏得了老師的尊重。後來，老師給他指點迷津：「你是一個很有理想的人，不知道你有沒有注意到，現在修腳的不懂中醫，而學醫的沒人願意幹這行。你不妨把修腳和治療結合，開一個腳病修治中心，絕對是一個有潛力的行業。」

一九九九年，劉尊眾靠著兩百八十元，從一個七平方公尺小店起步，中醫和修腳的結合讓他做成了「獨門生意」。才三個月就已門庭若市，於是再租大門面……經過八年的發展，二〇〇七年他創建的瑞德腳病修治所已經有八家連鎖店和一所再就業技能培訓中心。但是，對劉尊眾來說，最大的收穫不僅僅是財富，而是他糾正了人們對修腳行業的偏見。憑藉著精湛的修腳技術，劉尊眾不僅贏得了社會的尊重，同時也勇敢地打破了那種傳統的就業觀念，他在拚搏中實現了自己的人生價值。

「放下面子，堅持到底！」是劉尊眾創業的訣竅。他說：「為什麼現在那麼多下崗職工改變不了自己的現狀，關鍵是沒有找準自己的創業方向，不知道自己適合做什麼。一些人借了錢跟著人家炒股、開餐廳，自身素質又不夠，十有八九是要失敗的。做人和做事要眼光向下，腳踏實地才能成功。」「我最大的體會是，下崗後，不要放大挫折和苦難。」劉尊眾稱，越感到自己可憐、無助，就越難越過離職這面牆。一定要正視困難，掌握一個適合自己的一技之長，再次走向社會。要通過及時地「充電」，彌補知識和技能的不足。要找一個投資少、見效快，適合在市場上立足的創業項目。一旦認準了自己的目標，就要咬緊牙關，努力克服一切困難，堅持下去，堅持就是勝利。對於社會偏見和風言風語不要理會，持之以恆，就能獲得成功。

創業的征途中難免會碰到一些難以拒絕的「面子」問題，「面子」問題的困惑有時成了正確決策的攔路虎。只有吃盡苦中苦，方可成為人上人。為了今後能夠成就更好的事業，放下面子；為了我們的理想而放下，放下面子，也會得到很多。「餡餅」不會從天上掉下來，一個人的面子也是這樣。拋開面子，堅持到底，成功就會帶來最大的「面子」。

智慧品人生

曾有人說過：「人的臉皮只有四塊，額頭一塊，左臉一塊，右臉一塊，下巴一塊，如果你每天早上起來都能撕下自己的四塊臉皮放在腳底上踩踩，那麼你就能拋開面子，輕鬆做人。」同樣，如果一個人想要成功地創業，而你又把面子看得很重的話，那麼成功只會離你越來越遠！放下面子，堅持到底，成功一定屬於你！

7・創業的平衡之道——放下

伏爾泰說：「使人疲憊的不是遠方的高山，而是鞋裡的一粒沙子。」在人生的道路上，我們必須學會隨時倒出「鞋裡」的那粒「沙子」。這小小的「沙粒」就是需要我們放棄的東西。什麼也不放棄的人，往往會失去更珍貴的東西。

用平衡的心來放下

人的一生就像是在走路，途中會遇到很多岔路口，每到一個路口都面臨一次選擇，而每次選擇無不影響著未來。每一個人都會遇到這樣那樣的困難和挫折，是捨？是得？是放棄？是堅持？充滿了辯證法。生活對人生最大的考驗不僅有「得」，也有「失」，「失」即放棄。哪些需要放棄，哪些永不放棄？需要的不僅僅是智慧，同時也需要勇氣。

俗話說：「聰明的人敢於放棄，高明的人樂於放棄，精明的人善於放棄。」放棄不僅是一門學問，也是一種藝術，只有懂得放棄的人才會擁有得更多。快樂的人放棄痛苦，高尚的人放棄庸俗，純潔的人放棄汙濁，善良的人放棄邪惡。

有一則廣告詞是這樣寫的：「捨清溪之幽，得江海之博」。雖然經歷風雨，未必能見到彩虹；但不經歷風雨，根本就沒有見到彩虹的可能性。這就是人生的真諦。

一次，王濤和幾位朋友聚會，談到了自己用了整整一週悟出了五個字：「持續性、執行」。而另一位朋友卻提出了他這麼多年的總結，就兩個字：「平衡」。

朋友說，平衡這兩個字包含得太多，就從感觸最深的著手，那就是放下。大多數創業者都說沒有機會，其實機會很有可能就在你的身邊，在十多年前，當我們不小心受傷的時候，只有用雲南白藥，而有些人的想法卻是如果有一種能夠把雲南白藥一下就貼上的東西就好了，幾年後，雲南白藥貼布便誕生了，其實，機會永遠都存在，關鍵是看你有沒有把握住機會的眼光，為什麼蘋果不只是砸到一個人的腦袋上，但只有牛頓發現了萬有引力呢？

如果想真正獲得機會，首先要有充分的準備，這個準備說簡單點就是積累，這就是人們經常給想創業的朋友說的先沉澱三年，先打工，不要盲目地去創業，基礎不牢，一切只是空中樓閣；這也是為什麼中國企業的平均壽命不會超過五年的原因所在，並不是失敗那天才發生的現金流枯竭，或是高層流失，而是在創業之初便埋下了隱患。

凡是有大成就的人，往往是能夠放下的，因為在放下的同時，你才能真正爭取到了機會。如果萬科當年不放下萬佳、國企等贏利中的企業，專注於地產，今天也不可能成為中國地產的領頭羊；諾基亞最初也是一個無所不做的綜合性企業，但真正成就它的是它的專注。這是一個很簡單的道理，但是不經歷歲月的磨煉，可能永遠都不會懂得，這也是為什麼失敗的案例那麼多，但這類事情還是重複發生的原因。任何人在同一時間不可能有精力把每一件事都做好，所以一時專一事，事事求精益，我們做的所有事都要圍繞那一個核心點去做，而無關緊要的，即使是再賺錢也要懂得去放下，在放下的同時，你會發覺什麼才是屬於你的，你真正想要的。

用平凡的心做不平凡的事業，用平和的心想不平和的事情，用平衡的心看不平衡的世界，生命之所以精彩是因為我們用平衡的心去放下。只有放下，你才能得到你想要的。

把握平衡，適時放下

在中國的萬科董事長王石看來，能有所放下才能有所堅持。在王石幾十年的人生經歷中，最讓他記憶猶新的也始終是那三次人生中的放下。

一九八三年，王石人生的第一次放下。那一年，王石三十三歲，他當過兵，也做過工人，同時在政府機關工作了三年，有閱歷，有信心。那時的他深信《紅與黑》裡于連．索海爾不甘平庸的勇氣和奮力拚搏的野心。

有時，捨與得只隔著一條細細的線。

一九八三年五月七日，王石坐火車來到深圳，他丟下了過去，準備開始一番全新的事業。到深圳沒多久，王石就想到一位老同學，因為他非常賞識這位老同學的能力和才智，所以就想拉他來深圳一起創一番事業。可是，因為種種現實無法捨棄的原因，這位老同學沒能來。事隔多年之後，老同學來深圳找王石，問能不能來深圳跟著幹事業。王石對老同學說，如果他來，一切要從頭做起。此時的老同學已經是大設計公司的主任了，又怎麼可能還有心力從頭做起呢？

王石的事業越做越大，用他的話說，「一直粗放式地賺著錢」。

一九八八年，王石做出了人生的第二次放下——在推動完成了當時還名為深圳現代科教儀器展銷中心（即萬科前身）的萬科進行股份制改革後，放棄自己的個人股份！

一九八八年十二月二十八日，萬科已經開始公開發行自己的股票。按照中國的規定，在其股份中，萬科職工應得的股票為五百萬股左右，而這部分股票中有百分之十允許歸到個人名下。

王石說：「現在，仍然有很多人會問起我當初的決定。我始終要說的是，我從來沒有認為自己做錯了。我承認，來深圳創業最初的動機的確是為了淘金。但是，有一天，當我突然需要面對巨大的財富時，我還真有些不知所措，也沒有安全感，而且中國的社會價值取向是『不患寡，患不均』。錢太多，弄不好會招來禍害。名利之間只能選擇一項，或者默默地賺錢，或者兩袖清風地做一番事業，我選擇後者。」

中國地產界的同行馮侖評價道：「在中國，得利很危險，若是不甘寂寞，那就得取名捨利。回過頭來看，王石的確如此：他不是個有錢人，社會上沒人說他很有錢；他不是個符號，富豪榜上從來沒有他；但是好人好事的榜上有他，這麼著，他在中國社會就容易生存。如果他是個富豪，同時又愛張揚，那萬科就會有問題，肯定活不到現在。」

一九九三年五月二十八日，萬科開始發行B股，緊接著的六月，中國的宏觀調控隨之展開。王石說：「那時，萬科不做其他項目，而專注於房地產，是下了狠心的！可以說，這是我人生中面對的第三次放下。因為當時國家進行了宏觀調控，房地產市場的大環境極端不好，而你還要放棄其他可能帶來大利潤的專案，這需要很大的魄力。可以說，專攻房地產項目成為一九九三年萬科的戰略決定！」

隨著王石的放下，萬科的地產項目也如雨後春筍般冒出來。

王石創業的成功，與放下有著不可分割的關係。萬科之所以能越做越大，最關鍵的就是在不確定的搖擺中尋找平衡，一切都是在機會主義中進行取捨，一切都是在無序中尋找有序。想創業，就要學會放下，找到適合自己的平衡點。

所有的事情，所有的東西，都講究平衡，一旦失去平衡，就會出現一些問題。創業成功的最大要求就是要在現實生存和長遠戰略之間尋求平衡，又要在堅持和放棄之間打破平衡，也就是動態的平衡能力，平衡是一門很大的學問，把握好平衡，才能成就人生偉業。

8．放下空想，用行動說話

一千個虛幻輝煌的未來抵不過一個勤奮踏實的現實。——袁楊夢秋

成功不是空想，請立刻行動

社會經濟的不斷發展，帶動了產業的發展，也影響著市場的不斷擴大和多元化。某一企業的老闆為了一個無聊的念頭而走進商界，歷經多年努力，成為行業的翹楚。如果說他是運氣比較好，那麼他的膽量更讓人佩服。如今，想創業的人越來越多，雖然他們的想法非常好，也很有理想。但是，其中一大部分人雖然談及創業思想，但到最後還是在動腦筋思考，就是說還只是一個想法而已。有些人一直在觀摩，卻沒有行動。

著名作家馬克·吐溫的長篇小說《鍍金時代》裡，寫了一個名叫塞勒斯的上校。這位先生

在美國一片發財的狂熱中，能夠興高采烈地大談「空氣中抓一把就是錢」，但他本人卻空想了一生，也沒有發財。他待客時，他的餐桌上只有一盤生蘿蔔，壁爐裡也生不起火，只點一支蠟燭在裡面裝裝門面而已。

現實生活中，像塞勒斯這樣的人大有人在。這種人大多只會空想，只說不做，因而錯過了許多很好的創意，沒能真正身體力行，致使永遠也無收穫。

拿破崙．希爾說過：「成功的祕訣是行動，立刻去做！」這話已被眾多創業成功者的經歷所證實。美國著名企業家奧格．曼狄諾早年由於自己的無知和過錯，失去了家庭和工作，隻身一人四處漂泊，尋找生活的出路。後來，他從拿破崙．希爾那裡得到了啟示，於是重新振作，從零做起。經過十五年的奮鬥，他從一個無家可歸的流浪漢，白手起家為兩家企業的總裁和知名商業雜誌——《成功》的主編。除此以外，他還寫了六本書，其中《世界上最偉大的推銷員》成為推銷界最為暢銷的圖書之一，並被譯成十四種文字，發行三百萬冊。

想創業，想成功不是空想，請立刻行動！只要腳踏實地，從現在做起，相信你的未來不是夢。中國揚州有三位大學生創業賣燒餅的事。三位大學生大學畢業後，因為專業基礎好，他們在企業工作的月工資頗高，也算是「白領」了，但他們心裡總想趁著年輕的時候，多學些本領，獨立做些事情。當他們得知名列中國泰州十大旅遊美食榜首的黃橋燒餅有廣闊的市場前景時，三人便合計在揚州開了家投資和經營風險都比較小的燒餅店。憑藉著他們的努力，小店開張後，前來購買燒餅的人越來越多，燒餅店的名氣也越來越大，幾經發展，如今燒餅店的規模越來越大，在揚州已發展了幾家連鎖店。

如今，很多人感到求職難，其實有時候出路就在腳下。心有多大，天地就有多大。它需要的僅僅是務實，從一點一滴做起，去開拓展示自己才智與價值的天地。

一張地圖，無論它多麼的精確，它永遠不會帶著它的主人在地面上移動半步；一個問題，無論是難或易，它永遠不會在你的不斷思考中有實質性突破；一個機會，它永遠不會在單一的計畫中讓你獲得真正的成功。一個偉人曾說，行動在前方，思考在路上。他宣導的就是先做，然後邊做邊「改正」。他說，只有行動才能使一切都具有現實意義，喜歡說大話而不行動的人，總是與成功無緣。

有很多人都胸懷創業的理想，也有很多人信誓旦旦表示要自己開公司或開一家店鋪。他們的想法雖然很多，但總是不見其行動，他們不是武斷地認為某件事根本不可能有結果，就是說行動的時機還沒有來臨，總之，他們為自己創業的拖延找到了千百種藉口。只想不做的人，必定與成功擦肩而過。

當你認為一件事情值得去做時，就立刻行動，不要拖延，最後你就會發現你確實能夠做到。因為沒有行動一切都是空談，拖延才是讓你停步不前的根本原因。行動是成功創業的靈魂，沒有它，一切都是虛幻，成功的人生需要用行動來導航！

創業就不能做「行動的矮子」

現實生活中，「行動的矮子」隨處可見。究其原因，並不是事情本來有多難，阻礙人們行動的往往是心理上的天塹和思想中的山峰。國外有一個諺語「人類一思考，上帝就發笑」，就說明了行動的偉大意義。如果你認為這個事情值得做，就立刻行動，不要拖延，結果你會發現自己確實能夠做到，做好。因為如果沒有了行動，一切都是空談，猶豫、觀望、盤算都只能成為羈絆你停滯不前的「枷鎖」。

有位胸懷遠大理想的少年隻身離家，想要去外面闖出一番屬於自己的事業。臨行前，父親把他叫到跟前，只說了句：「不要只說不做。」出去後，他才發現原來自己設定的目標是如此難以實現，經過幾次的打擊之後，他退卻了，覺得自己幾乎是一無是處。正當他想放棄之時，父親期待的目光又一次浮現在眼前。細細想來，發現自己原來整天都只是在空想，根本沒有付出實際行動。從此，少年開始奉行「少說多做」的處世原則，用行動來詮釋既定目標，最後終於實現了理想，成為萬人矚目的大富豪。

很多人之所以陷入困境，就是因為設定了一個遠大的目標，卻很少關心如何實現這一目標，用「說」代替了「做」。創業時，面對問題的關鍵不在於你說了什麼，而在於你真正做了什麼！

如果想要成功，單單設定和分解目標是遠遠不夠的，即使你具備了知識、技巧、能力、良好的態度與成功的方法，懂得比任何人都多，如果你不採取行動，一切美好的願望也都只是虛無縹緲、可望而不可即的海市蜃樓，你還是很難獲得成功。

比爾．蓋茲說：「想做的事情，立刻去做！」當「立刻去做」從我們的潛意識中浮現時，我們應毫不遲疑地立刻付諸行動。縱觀世界，每一個成功創業的人都不會是「語言的巨人，行動的矮子」，他們一般都是行動家，不是空想家；每一個賺大錢的人都是實戰派，絕非理論派。

智慧品人生

沒有行動的方案和設想，它只是一個空談。沒有骨架就沒有支撐，創業是需要行動的。只有真正走進商界，從小或從自己擅長的部分開始做起，哪怕賺的錢很少，也能夠真正體會到做商人的感覺，真正用商人的頭腦去看待市場和環境。放下空想，用你的行動說話；放下空想，成功創業不是夢！

第七章

幸福生活，自我選擇——愈放下愈灑脫

快樂與不快樂取決於心態。把該放下的放下，才能找到自己的快樂與幸福。人生許多事，通常只能擇其一，無法皆大歡喜，捨棄是一種勇氣，也是一種豁達的心態。唯有學會捨棄、領悟放下，才能使人生更寬容、更睿智，面對選擇才能做出果斷的決策。

當被生活中各種煩惱所擾時，也許並非煩惱太多，而是我們習慣於將負面的情緒與觀念通通背在身上，不知道可以選擇放下。放下，就是將壓在我們身上的重擔放下，在輕鬆與愉悅中，邁向健康人生的幸福大道。

1・只有善於放棄，才能暢快地生活

人生需要選擇，放棄是一門選擇的藝術，是人生的必修課。沒有果敢的放棄，就沒有輝煌的選擇。與其苦苦掙扎，拼得頭破血流，不如瀟灑地揮手，勇敢地放棄。歌德說：「生命的全部奧秘就在於為了生存而放棄生存。」

生活中的放棄，在於人生的選擇

很久以前，一個老人挑著一根扁擔，扁擔一邊掛著一個盛滿豆湯的壺。途中老人不慎跌了一跤，壺掉在地上摔得粉碎，而老人爬起來後卻若無其事地繼續前行。

這時，一個人匆忙跑過來對他說：「你不知道你的壺摔碎了嗎？」

「當然知道。」老人回答。

「那你怎麼不轉身看看該怎麼辦呢？」

「壺已經碎了，豆湯也流光了，你說我能怎麼辦？」

壺摔碎，豆湯流光固然可惜，但毅然決定放棄無用的東西未必不是好事。其實，無論在生活中還是在其他環境中，人們首先要做的應該就是學會放棄。要常懷一顆平和之心，以豁達的態度面對人生，學會用辯證的思維看待生活，勇於爭取，善於放棄。

現代社會，處處充滿著誘惑，做學問的總想做出大而全的「體系」，做生意的唯恐遺漏任何一個賺錢的機會，就連吃喝宴請也要講究「十全大補」和「滿漢全席」……

但是成就事業，有時雖然需要「面面俱到」，有時卻需要大膽捨棄。善於捨棄，包含著審時度勢的智慧，當斷則斷的勇氣，反映了一個人的素質和能力。兩利相權取其重、兩害相權取其輕，揚長避短，發揮優勢等，講的都是這個道理。

為了全局利益捨棄一些局部利益，為了長遠利益捨棄一些眼前利益，從某種意義上講，是尊重客觀規律，是對事業負責。在很多時候，適時的捨棄勝於盲目的執著，這能讓人騰出時間和精力去做更有價值的事情。客觀地說，這不過是把拳頭收回來，準備再一次出擊而已！

在人生的征途中，經常會出現一些迂迴曲折的坎坷或是峰迴路轉的機遇，對這些挑戰和機遇每一個也需要做出抉擇，是捨棄還是角逐也是每個人都會面對的難題。該出手時就出手，該捨棄時就捨棄，這就是生活，這就是人生。

「魚，我所欲也；熊掌，亦我所欲也，二者不可兼得，捨魚而取熊掌者也。」魚和熊掌都要，當然是最理想的，但在現實社會中這種可能性是很小的。在通常情況下，人們往往需要在魚和熊掌中選擇一個，而這也是對生活的選擇。

生活中應該學會放下

人的一生或多或少總會遇到一些不開心的事情。在上班時遇到一位有意刁難的客戶，因某件事情受到主管的批評，和朋友發生不愉快，小肚雞腸的人與你為敵……這些都可能直接影響到自己的心情。

心情不好，勢必影響工作，因此，我們應該學會「放下」，把那些不愉快、不順心的事統統「放下」，特別是對那些小肚雞腸的人，不予理睬可以說是最大的輕蔑，無視他的存在，自己該怎樣就怎樣，開心就好。而且這樣的人畢竟是少數，大多數朋友都是善意和友好的。看到這一點，就會使自己放鬆心情。心情好了，不僅有利於工作，還有利於自己的身心健康，兩全其美，何樂而不為？

在很多情況下，人們要想得到一些東西，就必然要捨棄另外一些東西。「名與身孰親？身與貨孰多？得與亡孰病？是故甚愛必大費，多藏必厚亡。」「少則多，多則惑。」「夫唯不爭，故天下莫能與之爭。」當必須放棄時，就該果斷放棄，這才是真正的智者。唯有放下，才能走得更遠；唯有放下，才能得到更多。如果不懂得放下，往往會在無意中失去最珍貴的東西。

智者曰：「兩弊相衡取其輕，兩利相權取其重。」放下難言的負荷，方能解開心靈的枷鎖；放下滿腹的牢騷，方能蘊蓄不倦的威力；放下纖巧的詭辯，方能擁有深邃的思想；放下虛偽的矯飾，方能贏得真摯的友情。做生活中的智者，就要先從學會放下、善於放下開始。

放下心裡的多想，甚至放下執著的追求，在短時間內也許是痛苦的，而且放下後的重新選擇也未必就一帆風順，還可能有困難與挫折。但這就是生活，只有學會放下，你才能收穫更多，才能體會得更多，才能在出入無門時發現新的契機和希望。

智慧品人生

人生在世，沒有一個人願意捨棄屬於自己的東西。有既得的，有想要的；有精神的，有物質的；有名利的，有情分的。「難捨」、「捨不得」等辭彙，體現了人們面對捨棄時的痛苦和無奈。

但是，經驗告訴我們，一些東西如果不捨棄，勢必會成為負累。正如印度詩人泰戈爾所說：「當鳥翼繫上了黃金，鳥兒就飛不遠了。」勇於放棄是現實需要，善於放棄則是處世藝術。

2．月有圓缺，人有得失

「月有陰晴圓缺，人有悲歡離合」。月亮圓缺轉換，明暗輪回，是自然規律，不可更移，人生又何嘗不是如此。生命的旅途充滿崎嶇和坎坷，如果患得患失，就只會被悲觀、絕望窒息心智，使人生之旅如負重登山，舉步維艱。我們應該明白有所失才能有所得，有小失才能有大得，有局部之失，才能有整體之得。

人生得失透析生活

俗話說：「有得必有失。」人生在世，若失之東隅，必然收之桑榆。失去春天的蔥綠，卻能夠得到豐碩的金秋；失去青春歲月，卻能使我們走進成熟的人生……失去，是一種痛苦，但也是一種幸福，因為失去的同時也在獲得。

得到與失去是矛盾的雙方，也是一件事物完全對立的兩面，是完全對立統一的辯證關係。有人曾說：「捨得，捨得，有捨才有得。」古人也講：「魚和熊掌不可兼得。」所以得到與失去、追求與放棄，是現實生活中再平常不過的事情了，我們應該以平常、豁達的心態去看待。

在人的生命歷程中，得與失在心中其實只有一線之隔，如果所得的已經夠多，即使是再得到，也不會覺得欣喜，稍有所失，卻會惶恐不安；但如果所失已經太多，就是再失去，也不會感到痛惜，稍有所獲，便會十分快樂。如此說來，得並不意味著一定就是得意，失也不一定就是失意。顏回居陋巷，一簞食，一瓢飲，也能樂在其中；秦王統一六國，兼併天下，也能失意於其間。

生活中有許多十字路口，雖然這些路口使生活不是那麼完美無缺，處處充滿著苦與樂，卻使人生顯得絢麗多姿和變幻莫測。這就需要我們把握和控制自己，對已經失去的，不必斤斤計較，過分追悔，逝者不復來，眼淚和歎息不會感動上蒼，也不會使人生增值，唯一可做的是接受現實，勇敢、樂觀地迎接新的生活。

人一生中的選擇機會有很多，但能夠改變人生機遇的卻是寥若晨星。在機遇面前，一定要保持清醒的頭腦，開闊胸襟，審時度勢，弄清什麼才是對自己最重要的，然後主動放棄那些可有可無、不觸及生命意義的東西，求得生命中最有價值、最必需、最純粹的東西。

為了熊掌，我們可以放棄魚；為了贏得更廣闊的生存和發展空間，我們可以放棄穩定、舒適的環境；為了莊嚴的真理、崇高的理想，我們可以放棄金錢、名利乃至生命。只有卸掉身上的累贅，正確面對生活中的得與失，才能獲得人生的主動、快樂和崇高！

失去與得到在生活中是相輔相成的兩個方面，它們無時無刻不真實、客觀地存在著。人生在世，你不能總是看到其中一方面，而忽視另一方面。得與失，必有平衡點，這都需要你去細細感受和體會。

淡看人生得失

有一位高雄商人在出貨的時候，發現急需縫製箱包的專用繩線不夠用了，於是打電話給在台北專賣繩線的合作廠商，要求他立刻就把線寄出，好趕在第二天晚上之前，把貨物包縫製好，隨船出口。

合作廠商不敢怠慢，趕緊把線寄出，然而線要隔天下午才會送到商人手上，廠商趕緊打電話把這個消息告訴了商人，商人急了，因為這樣他根本來不及把貨物包縫製好，便要廠商想盡一切辦法也要在早上將線送到，如果這批貨走不了，商人將血本無歸。

這讓廠商很為難，因為對方要的線總價值才幾百元，他要是坐高鐵去送，肯定是自己吃虧。然而思量再三，廠商最終還是選擇了坐高鐵親自把線送過去，等他第二天上午十點出現在高雄時，商人早已在車站等，而且熱淚盈眶。廠商沒料到，從高雄回來後，竟有許多客戶找上門來要和他做生意，而這些客戶大多是高雄那個商人介紹來的。

一位哲人說過：「人生最遠的距離是『得』和『失』，有失去才有得到，道理誰都懂得，可是要去做，卻並不容易。」不容易在哪裡？如果那個廠商為了自己的小利而放棄這生意，他能有以後的諸多客源嗎？答案當然是不能。

在人的一生中，捨棄有時候是痛苦的，但有時候卻是美好的。只有那些明白了失去之道和獲得之法，並將之運用於生活、人生的人，才能從無盡的煩惱中解脫出來，在人生的道路上進退自如，豁達大度。

生活在塵世中的人們，大都有「終朝只恨聚無多」的心理，無論做什麼都只想得到，捨棄談何容易？縱觀社會，橫看人生，有撐死的，也有餓死的；有窮死的，也有富死的；有能幹死的，也有窩囊死的；有因禍得福的，也有因福得禍的。如此等等，不一而足。何時該獲得，何時該捨棄，真是很困難，天下沒有放之四海皆準的真理，只有根據此時、此地、此情、此景去綜合地考慮。

但是人們考慮獲得和捨棄的時候大都有一個錯誤觀念，那就是不能用辯證的哲學觀點來權衡獲得和捨棄的利弊得失。

得與失一直是辯證的關係，在眾多的擁有中，每一個人只能是一部分擁有。在生活中，你得到了事業，很可能就失去娛樂；你堅持了原則，就會失去朋友；你捨不得公務員生活的安逸，就得不到商海衝鋒的收穫。

凡事有得就有失，想要獲得，就要認清哪些是得，哪些是失，就必須忍受一部分得不到的東西。因為十全十美只是幻想，在生活中是不存在的。要想得到和不失去並立，你只會失去更多。反而是捨棄有時會有峰迴路轉的效果，「捨棄」中會有「獲得」的轉機，因為你為獲得付出了成本，生活的哲學是最講信譽的，總有一天會回報你。

智慧品人生

在漫長的人生中，人們每時每刻都要面臨選擇，這些選擇可能會使我們的生活充滿無盡的煩惱和難題，使我們不斷地失去一些我們不想失去的東西，但同樣是這些選擇又讓我們在不斷地獲得。

我們失去的，也許永遠無法補償，但是我們得到的卻是別人無法體會到的、獨特的人生，這就好比月的圓缺。因此面對得與失，要坦然待之，凡事重要的是過程，對其結果過於斤斤計較，或是耿耿於懷，只會讓你陷入無盡的苦惱中。

3・退一步海闊天空

俗話說：「冤家宜解不宜結」、「得饒人處且饒人」。有了爭論、摩擦，稍微爭辯幾句是可以的，你雖然有委屈，但對方已經知道理虧了，也就多包容一點，退讓一步，不要使爭論、摩擦升級，不以爭訟為能事，將大事化小，小事化了。

退一步，生活的天空更廣闊

古希臘一直流傳著一個關於大英雄海格力斯的故事。

一天，海格力斯走在坎坷不平的山路上，忽然發現腳邊有個袋子似的東西很礙腳，他就走過去踩了那東西一腳，誰知那東西不但沒被踩破，反而膨脹了起來，加倍地擴大著，海格力斯惱羞成怒，拿起一根碗口粗的木棒砸它，那東西竟然長大到把路給堵死了。

正在這時，山中走出一位聖人，對海格力斯說：「朋友，快別動它，忘了它，離開它遠去吧！它叫仇恨袋，你不犯它，它便小如當初，你侵犯它，它就會膨脹起來，擋住你的路，與你敵對到底。」

人們無論在什麼環境下，都有可能會犯和海格力斯一樣的錯誤，遇到矛盾時，不願意吃虧，步步緊逼，據理力爭，死要面子，認為忍讓就是沒了面子失了尊嚴，最終只能使得矛盾不斷地升級，不斷地激化，卻不知道退一步海闊天空的道理。

忍讓並不是不要尊嚴，而是成熟、冷靜、理智、心胸豁達的表現，一時退讓可以換來別人的感激和尊重，避免矛盾的加深，豈不更好。社會就像一張網，錯綜複雜，誰都會有與別人產生誤會或摩擦的時候，善待恩怨，學會尊重你不喜歡的人，放下仇恨的袋子，你就會少一份怨恨，多一份快樂，贏得更多的尊重。

「閻王好惹，小鬼難纏」，愈是有身分，愈是有素養的人就愈容易相處，與這類人之間的矛盾也就愈容易化解。反而是那些喜歡吹牛、大言不慚和長於炫耀的小鬼，最喜歡恃強凌弱，總是試圖通過打倒別人來表現自己的重要性，以示對閻王的忠心，結果只是表現出他們思想上的無知和行動上的無能。

優秀的「閻王」，一定會有王者風範，有著適可而止的智慧，懂得以和為貴的重要，要的是高水準的自尊，追求的是品德上的出類拔萃，也總會在風雲變幻時懂得三思，會阻止那些躍躍欲試、張牙舞爪的「小鬼」，明白胸懷寬廣、謙讓待人才是博大，避免更多無意義的爭執。

世上的事均有長有短、有圓有缺、有利有弊、有勝有敗，人們在處理爭端與矛盾時，總是想著爭取自己的利益，所以會出現一些無謂的爭端。各退一步，化干戈為玉帛，何樂而不為呢？聽明的人，不會一味地爭強好勝，在必要的時候，寧願後退一步，避其鋒芒，這麼做不僅能贏得旁觀者的尊重，更能贏得對手的尊重，你說，真正的勝利者是誰？

仇恨和爭吵其實就在人們的一念之間，仇恨能掩蓋一個人的品德，爭吵只會損害一個人的形象。而退一步則是化解仇恨和怨憤的良方，也是一個人體現其美德的方式。善待埋怨和仇恨，忍一時風平浪靜，退一步海闊天空，這樣的生活才會有滋有味。

生活需要退一步

生活中，人們避免不了彼此間的摩擦和糾紛，常為了利益而互相辱罵，甚至互相打鬥。其實這些狀況都是可以避免的，最簡單的做法就是退一步。

有人說退一步是軟弱、委曲求全、甘居人後的表現。其實不然，退一步的人往往具有廣闊的胸襟，多是不拘小節、氣度非凡、臥薪嘗膽之人，這種人往往比其他人更懂得生活，更知道退一步在生活中的作用。遇事只要退一步去想、去做，說不定就會柳暗花明，晴空萬里，更會讓你擺脫「只緣身在此山中」的局限，避免讓自己成為籠中鳥。

面臨錯綜複雜的社會關係，不懂得退一步，只會一味地去爭，可能會撞得頭破血流、鬧得魚死網破，兩敗俱傷。冷靜下來，認真地從各個角度去思考，給對方多一些理解和寬容，學著「退一步」，矛盾說不定也會解決。遇事時給自己五分鐘時間，冷靜地思考一下，一定可以擁有更開闊的心境，可以做出更加睿智的決策。

在前進的道路上，「退一步」積蓄一下力量，變換一下策略，看準一下時機，為更好地「進一步」打下堅實的基礎，又何樂而不為呢？

人生百態，各有所愛，你愛吃魚，他愛吃鴨，雖然嗜好各不相同，但緣分安排大家一桌共食，各自也都吃到了喜歡的東西，又何必強求別人一定要吃自己喜歡的東西？

如果能承認雙方品質各自有異的客觀存在，便會對彼此的互異感到快樂，你有你的思維方式，我有我的人生見地，若能互相學習，彼此寬容，就能一團和氣。轉換思維，用你的博大胸懷去包容萬物，退一步海闊天空，到那時，你會感到「明月裝飾了你的窗子，你裝飾了別人的夢」，就會有出人意料的美，意想不到的奇跡。

退一步，是生活中的一門學問。每個人都會面對讓自己進退維谷的狀況，這時候，退一步不僅是你風度的表現，還是你掌握如何與人相處的關鍵。掌握退一步的訣竅，會讓你更加如魚得水。

智慧品人生

退一步，代表的不是永遠的落後。許多事情人們之所以找不到出路，其實都是因為「身在此山中」看不清事情的頭緒，只有「退一步」之後，慢慢地加以分析，也許會找到問題的答案，解決問題的辦法就會一目了然。許多人以為在前進的過程中進比退重要，其實不然，適時退一步，你會發現其實自己前進得更快。

4．放棄，另一種選擇

選擇是理性的取捨，是有所為有所不為。放棄是為了更好地擁有，是為了更好地選擇。敢於放棄者精明，樂於放棄者聰明，善於放棄者高明。

放棄的選擇也美好

素有「跳高女皇」之稱的伊辛芭耶娃，最初喜歡的並不是跳高而是體操。伊辛芭耶娃從小就非常喜歡體操，夢想著有一天能夠成為世界冠軍。她揮汗如雨地練習著，嚴冬酷暑，捨不得荒廢絲毫時間。

然而，沒練習幾年，一塊陰雲開始漫上她的心頭：她的個子愈長愈高。在體操隊裡，人長高，意味著馬鈴薯發芽，是要被「扔掉」的。想一想，本來你可以在空中翻四個跟頭，長得太高，只能翻兩個半了，怎麼和他人競爭？

伊辛芭耶娃落寞地離開了體操隊，但內心裡的那個世界冠軍夢依然存在。她開始將自己的夢想寄託到另一種運動上——撐竿跳高。這是一個身高愈高，優勢愈大的運動項目。在改練跳高之後，她不僅獲得了奧運會、世界田徑錦標賽等各種大賽的冠軍，還多次刷新了女子撐竿跳高的世界紀錄。可以說是她的選擇、她的放棄成就了她的美好人生。

人的一生是一個不斷選擇的過程，但在很多時候是很難一選即準的，往往拐個彎，你的成功就會近在眼前。因此，你必須學會放棄，學會重新選擇。要知道，見什麼要什麼，想什麼是什麼，被物所役、被事所迷的心態不是正確的心態，更不是明智的選擇。

那些試圖抓住身邊每一個機遇，不懂得放棄的人是辛苦的，不但不能使自己真正擁有，反而會加重心理的負擔，縮小自由的空間，使他身不由己，最終迷失於形形色色的誘惑之中。

要從迷失中走出來，減輕自己的心理負擔，創造美好的人生，只有放棄才能擺脫困境、瀟灑自若，只有放棄才能淡泊明志、寧靜致遠。然而放棄絕非心無所繫，情無所用，學無所成。它是對名利的淡泊，對世俗的鄙視，對別人的寬容和對自己的淨化；它是在諸多機遇面前，去做最願意做、最應該做、最需要做的事情，而不管成敗結果如何，至少你自己是自由的、無怨無悔的。

放棄是一種執著，也是一種自信，既需要有寵辱不驚的豁達，也需要無怨無悔的寧靜和默默無聞的期待。

放棄是一種痛苦，也是一種境界，懂得放棄的人懂得在跌宕中開拓進取，真正抵達人生的目的地。

放棄是一個人的智慧和氣魄，在放棄中雖然蘊含著諸多遺憾，但正是因為放棄才使你能找回本真與自我，並朝著既定的目標邁出堅實的步伐。撥開那礙眼的雜枝繁葉，靜待你攀登的山嶽就會近在眼前。

有時候，放棄也是一種選擇

在印度洋一次罕見的海嘯突然來臨時，一位母親當時正帶著兩個孩子在近海地帶游泳，這位母親想救兩個孩子，可是當時的情況根本不允許，兩個孩子中她只能選擇一個。

對一個母親來說，這無疑是個痛心的選擇，最終，母親心痛地放棄了大一點的孩子，抱著較小的孩子躲過海嘯。然後趕緊通知救援人員去救她的大孩子。極幸運的是，大孩子也救出來了，安然無恙！

這個故事告訴人們的就是放棄的價值。倘若那個母親當時沒有選擇放棄，她可能誰也救不了，甚至她自己也會遇難。

另有一個故事是這樣的：有個孩子，想要吃到瓶子裡的糖果，就把一隻手伸進了裝滿糖果的瓶子中，抓了滿滿一大把糖果，但手卻卡在了不大的瓶口處，怎麼也拿不出來。孩子急得哭了，這時，一個智者告訴他：「你必須放棄一些，才能吃到糖果。」孩子就是不願意鬆手，依然死死地抓著那把糖果哭泣。

在你的人生歷程中，你學會放棄了嗎？如果沒有，你很有可能就會成為那個抓著糖果哭泣的孩子，怎麼也吃不到甜美的糖果，因為他不懂得：得到其實就在適當放棄之後。現實生活中，人們有太多的東西想要擁有，但由於不會放棄，什麼都要爭，事事都要堅持，結果反而使自己什麼也沒得到。

面臨誘惑，不懂得放棄只能在誘惑的漩渦中喪生；面對欲求，不懂得放棄就只能任由欲求牽著鼻子走；面對無奈，不懂得放棄就只能與憂愁相伴。世上萬物皆如此，有捨才有得，想要擁有，其實放棄就是另一種更好的選擇。

放棄不是過錯。放棄生活給予的一些疼痛是每個人都有的權利。懂得放棄是人生的大智慧，適時的放棄則是自知與明智的結晶。有選擇有放棄，這才是完美的生活。及時放棄，放棄得當，勇於放棄，明天你的太陽會在明朗的天空中蓬勃地升起；明天你的人生花園就有了目標明確的人生規畫。放棄，其實是新的開始，更是一種選擇。

5・一失足未必成千古恨

人是在得失中不斷完善自己、更新自己。在得與失之間，無須徘徊，更不必苦苦掙扎，以平常心來對待，知道什麼是最重要的，放棄那些可有可無的，從而選擇我們生命中最有價值、最珍貴的東西。

放下，讓一失足避免鑄成千古恨

對於失足，是令人痛苦的，是令人悲傷的，但更痛苦的是失足之後的束手無策，是失足後的不能警醒。一個人失足多半是自己造成的，或者和個性或失誤有關，或者是因為方法不當，措施不力，即使有種種客觀因素在內，自己仍然不能推卸責任，最起碼是自己沒有看清形勢造成的。

然而，現實中的人們大多不能正視失足，不能找出失足的真正原因，多認為失足就永遠是失足，絕不會轉化為成功。實際上失足並不可怕，跌倒了爬起來就是了。怕的是被失足打倒；怕的是一朝被蛇咬，十年怕草繩；怕的是失足後千方百計推卸責任，不能很好地反思總結失足的教訓。

因此，面對失足我們該做些什麼，就成了失足後最應考慮的問題。最簡單、最正確的辦法就是勇於正視失足，找出失足的原因，加以改正後，學會把失足放下，用正確的心態樹立重獲新生的信心。只有這樣，你才能從失足的泥潭中掙脫出來，走向成功，走向輝煌。

《戰國策》中云：「聖人之制事也，轉禍而為福，因敗而為功。」失足既可以成為埋葬一切的墳墓，也可以成為「而今邁步從頭越」的起點，關鍵就在於你是否明白，學會放下你的失足所造成的不良結果。實際上，只要學會放下，失足將不再是你成功的障礙；只要你變換一下方向，你就有理由重新開始。

英國著名哲學家法蘭西斯．培根在詹姆斯一世統治時期，可謂是官運亨通，青雲直上，很是風光。曾先後數次擔任宮廷顯要職務，因為有才幹，很得國王賞識，連續多次被授予貴族封號。可是正當他平步青雲，春風得意之時，一六二一年他因貪汙受賄罪，被英國高等法庭判處罰金四萬英鎊，並監禁於倫敦塔內。出獄後，他被逐出朝廷，不得再擔任任何官職，不得參與議會。

培根脫離政治生涯後，開始專心著述，先後提出了具有開創意義的經驗認識原則和經驗認識方法，還相繼提出了「要命令自然，就要服從自然」、「知識就是力量」等一系列對後人影響深遠的至理名言。

在其一系列作品中，他把矛頭直接指向經院哲學，在反對經院哲學的鬥爭中，他建立了自己的唯物主義經驗論，認為感性認識與理性認識的結合是非常重要的，從而成為歸納法的創始人。

曾經的失足讓培根成就了其非凡的業績，成為英國唯物主義和整個現代實驗科學的鼻祖，對人類哲學、科學乃至思想作出了重要的、具有歷史意義的貢獻，並成為英國十七世紀偉大的唯物主義哲學家、世界哲學史和科學史上具有劃時代意義的人物。

正是這次遭遇，讓培根最大限度地開發了自己的另一面，使之成了在人類思想史上占有重要地位的一代巨人，成為一名被後人永遠銘記的哲學家。如果沒有這次經歷，培根或許會在自己的高官厚祿之中終其一生，而我們將永遠都不會有機會和理由去記住在十七世紀的歐洲，曾有過一位叫培根的顯要人物。

培根用他的成就讓人們瞭解了失足並不可怕，可怕的是失足後依然將其掛在心上，不懂得放下，看不到放下後的廣闊天地。只要你懂得放下，失足不僅可以使你學到並深刻體驗到許多真知灼見，還可以使你認識到自己的能力與局限，更清楚瞭解自己努力的方向。

失足之後，一味地讓自己沉浸在悔恨之中，完全是於事無補的，正確的心態就是放下心裡的包袱，克服失足後的不良心理，把悔恨變為前進的動力，努力改正所犯的錯誤，彌補這個錯誤造成的損失；放下心理的障礙，開闊自己的胸懷，走出自我封閉狀態，傾聽人們善意的勸告。

放下成見，放下自己的敵對心理，用平常的心態去面對一切，你就會找回因為失足而丟失掉的自信，從而為自己提出更高的目標。失足之後重新再來，這就是放下的力量。失足後只要能夠學會放下，讓心態保持平和，你會發現一失足未必就成千古恨。

智慧品人生

學會放下失足的陰影，在失足之後盡快調整心態，克服自卑心理，逐步恢復自信，不再讓悔恨吞噬心靈。正如一位名人所說：「逆境中要記住自強不息，要把坎坷和困難變成前進的動力，千萬不要讓它變成背上的大石頭。」

要知道曾經的失足沒什麼大不了的，只要學會放下，就會發現一次失足並不是世界末日，只不過是一個新的開端，是命運讓我們做個新的更好的自己而已。

6．放下包袱，品味生活

生活中，各種各樣的包袱和貧富關係不大。貧窮有貧窮的包袱，富裕有富裕的累贅。有些貧困家庭，歡聲笑語，和睦相親；有些富有家庭，愁容滿面，隔膜冷清。原來，兩者的區別，不在於財富多少，而是是否善於將生活中的包袱放下。

生活的美好就在放下後

有這樣一則寓言故事：一個人在荒野碰到了一隻老虎，於是他拚命逃跑，那隻老虎對他緊追不捨。當跑到一處懸崖上時，他雙手抓著一根野藤，全身懸在半空中搖盪。他抬頭望，只見那隻老虎仍在向他怒吼，而向下看去，卻又見另一隻老虎正張開血盆大口等著他，而他只有一根枯藤賴以維繫生命。

就在此時，又有一隻白鼠和一隻黑鼠在上面開始啃噬那條枯藤。他沮喪萬分，忽然，他看見附近有顆鮮美的草莓，於是他一手攀藤，一手將草莓送入了口中：「味道好美呀！」

在現實生活中，很多人都有機會去品嘗「草莓」的美好味道，卻很少有人能夠真正的品嘗到，因為在人們的眼裡只看得見凶猛的「老虎」和狡猾的「老鼠」，對近在咫尺的「草莓」往往視而不見。其實這顆「草莓」就在我們的周圍生長著，如果放下對「老虎」的恐懼，對「老鼠」的仇恨，我們就能隨手摘到「草莓」，品嘗到「草莓」的美味。

古代有位驍勇善戰的將軍，在戰場上勇猛作戰，為維護民族的疆土立下了許多汗馬功勞。後來將軍退休了，過起了富翁的生活。將軍喜愛收藏古董，一次，他正把玩一件價值連城的古董時，差點將古董掉在地上摔碎，驚得出了一身冷汗。這對身經百戰的將軍來說，是從來沒有發生過的事情，而他也在瞬間便醒悟到自己身上已經背負了沉重的包袱。於是毅然擊碎那件古董，以此來表示放下古董形成的巨大包袱。

在現實生活中，每個人都有屬於自己的這樣或那樣的包袱。這些包袱大多數也是自己背上去的。因為大多數人都認為自己的幸福取決於周圍的環境，而不是在於自己，希望生活處處都美好，所以總要在與別人的比較中感知是否比別人過得好，從而確定自己是否美好。那些十分在意別人對自己的評價的人，其心理上的包袱自然也在別人的評價中增加，本來美好的生活就再也感覺不到美好。

「放下包袱，品味生活」是每個人都想做到的，但我們總是在無形中給自己加上這樣那樣的沉重包袱。尤其是升學壓力、就業壓力、工作壓力、競爭壓力日益突出的今天，「進行心理減壓、放下思想包袱、輕裝上陣」已經成為人們追求美好生活的必要條件。要知道有實力的「靈魂」，總是在「減」的過程中展現；而成功的奇跡，也往往會在「放」的不經意間發生。

放下包袱，生活靠心去體驗

一對以撿破爛為生的夫婦，每天都是起早就到處撿拾破銅爛鐵，直到太陽下山時才回家。他們總是習慣在門口的院子裡擺上一盆水，搬一個凳子，把雙腳浸在盆中，然後拉弦唱歌，唱到月正當空，渾身涼爽的時候他們才進屋睡覺，日子過得逍遙自在。

在這對夫婦的對面住的是一位很富有的員外。員外每天都是坐在桌前算著哪家的租金還沒收，哪家還欠帳，每天都感到有許多煩惱。他看對面的夫妻每天快快樂樂地出門，晚上輕輕鬆鬆地唱歌，非常羨慕也非常奇怪，於是問他的夥計說：「為什麼我這麼有錢卻不快樂，而對面那對窮夫妻卻是如此快樂呢？」

夥計問員外：「員外，想要他們憂愁嗎？」

員外回答道：「我看他們不會憂愁的。」

「只要你給我一貫錢，我把錢送到他們家，保證他們明天不會拉弦唱歌。」夥計表示。

「給他錢他一定會更快樂，怎麼說不會再唱歌了呢？」員外問。

夥計說：「你儘管給他錢就是了。」

員外果真讓夥計送了一貫錢到這對夫妻家。而這對夫妻在拿到錢後，那天晚上竟然睡不著覺，因為丈夫整晚都在為這貫錢操心，一會兒躺上床，一會兒又爬起來，整夜就這樣反復折騰，無法成眠。

妻子看到丈夫坐立不安，也開始煩躁起來：「現在你已經有錢了，又在煩惱什麼呢？」丈夫說：「有了這些錢，我們該怎樣處理呢？把錢放在家中怕丟了，現在我滿腦子都是煩惱。」隔天一早，丈夫把錢帶出門，在整條街上繞來繞去卻不知要做什麼好，直到太陽下山。回家後，他對妻子說：「這些錢說少，卻也不少，說多又做不了大生意，真是傷腦筋啊！」

那天晚上，員外站在對面，果然看不到他們拉弦和唱歌了，就到他們家去問原因。這對夫妻說：「員外啊！我看我把錢還給你好了。我寧可每天一大早出去撿破爛，也比有了這些錢輕鬆啊！」

如今的社會，人人都在拚命追求著財富，卻不知財富恰恰是人們最大的包袱，一如鳥兒的翅膀拴上了金塊就難以再飛翔。當心中有一個包袱時，沐浴陽光只能是癡人說夢，同時也欣賞不了鳥兒的歡聲笑語，甚至會忽視掉生活中其他美好的事物。

人的心力有限，如若不能承受困難和困惑，還不如適時地放下包袱，用心去感受生活。放下功名的羈絆，放下昔日的喧囂，獲得生活的恬靜。有了「採菊東籬下，悠然見南山」的逸致，有了「此中有真意，欲辨已忘言」的閒適，你才能真正體會到生活的美好。

智慧品人生

看到繁華的世界，看到燈紅酒綠，許多人都認為自己沒有比爾．蓋茲的財富，沒有巴拉克．

歐巴馬的權力，沒有史蒂芬．霍金的頭腦，於是開始拚命追求，似乎忘記了周邊的一切，卻沒有想到擁有後的生活：也許你有了財富，卻有可能雙親已去；有了權力，卻朋友見棄；有了智慧，卻無法應用於實踐……追求好的是為了享受生活，當一切壓在身上，形成沉重的包袱時，還不如忘掉昔日的繁華，讓過去的財富成為過去，讓今天成為你的新起點。把輕鬆還給生活，放下自己的包袱，讓心靈享受寧靜，你才能成功地品味到生活的美好。

7．放下是一條解脫之道

有些事之所以放不下，是因為心中雜念太多。想要袪除雜念，就要心中保持一片清淨，讓雜念沒有滋生之所。困擾我們的是自己的心靈，而不是當下的生活。只有「放下」才能解脫，只有以平常心去對待生活中的一切，消除心中的雜念，才能享受超然的人生。

唯有放下，才能解脫

從前，有一位特別喜歡蘭花的禪師，他在寺院的後院種了許多漂亮的蘭花，講經說法後，禪師總是抽出時間去悉心照料那些蘭花。寺院裡的人都說，蘭花就像是禪師的生命。

一天禪師外出，一個弟子受禪師委託，為蘭花澆水，卻不慎將花架打翻，所有蘭花都被毀壞了。弟子很害怕，心想等禪師回來一定會受罰。但禪師回來後，並沒有生氣，反而安慰弟子：

「我之所以喜愛蘭花，為的是要用香花供佛，美化禪院，並不是為生氣才種的。」

人生在世，無論是生活中還是工作中，必須懂得放下，不要執著於心愛的事物而無法割捨。畢竟，喜愛一種事物的初衷，並不是為了在失去它時而傷心。人生中的許多東西既已失去，不妨就讓它失去吧！執著「失去」只會讓自己更痛苦，唯有放下，才能解脫。

人們總是說「夕陽無限好，只是近黃昏」，但夕陽又是明日朝陽的開始，無所謂夕陽還是朝陽。「世上本無事，庸人自擾之。」不要自尋煩惱，自己給自己套上枷鎖，把自己搞得疲憊不堪了。要想活得輕鬆，活得快樂，就應該學會解除這些束縛，給自己減壓。想要享受生活，就要學會放下，把已經失去的東西總是掛在心上，那不是活得太累了嗎？

人生在世，有太多的東西放不下，功名、金錢、愛情、事業……這些東西並不是說放下就能放下的。人要想在生活中立足，負擔這些重擔和壓力是必須的，然而在它們壓得你喘不過氣來時，放下不失為一條解脫之道。要想重新呼吸，恢復輕鬆的身心，那就去學著放下吧！放下並不意味著懦弱，而是一種解脫，來自心靈的解脫。

放下你對功名、金錢、愛情、事業等的追求，你就會發現其實想要真正地解脫，放下才是正確之道。

想要解脫，就先放下

修煉的人在修行中如果不能放下各種執著心和欲望，就無法修煉到自由自在的高深境界。人在面對各種精神壓力時如果不懂得放下，時間長了就會被壓力壓垮。

佛祖釋迦牟尼在世之時，有一位叫黑指的婆羅門來到他的面前，運用神通兩手拿起了兩個花瓶，前來獻給佛陀。佛陀大聲對黑指婆羅門說：「放下！」婆羅門於是把左手拿的那個花瓶放在地上。佛陀又說：「放下！」婆羅門再把右手拿的那個花瓶也放在地上。然而，佛陀還是接著說：「放下！」黑指婆羅門只得回答說：「我已經兩手空空了，沒有什麼可以再放下了，你為什麼還要我放下？」佛陀對他說：「我並沒有讓你放下花瓶，我要你放下的是六根、六塵和六識。當你把這些都放下時，才能從生死輪迴中解脫出來。」

人只有達到心靜的境界，才不會有深度的迷茫感覺。這世上的誘惑太多了，有多少人能真正達到心靜的境界呢？雖然人們不可能完全拋開世間之事，但有一點是要做到的，那就是不要被外界環境干擾。清心寡欲就會輕鬆自在，隨遇而安就能自得其樂，放下就是解脫。做人其實不需要複雜的思想，只要具備了這項簡單的智慧，其人生就遠離了痛苦與憂傷。

人生在世總會受到各種各樣的束縛，這種束縛來自外在因素，也來自自身心理，唯一的解決之道就是放下。放下你執著的一切、追逐的東西，你才能活得更灑脫，你才能活得更暢快。放下是人們解脫心理束縛的選擇，如果學不會放下，你所追求的東西就會給你增加意想不到的負擔，只有真正地放下，你才能找到心靈的解脫。

智慧品人生

生活越簡單的人就會越覺得幸福，這個道理並不是人人都懂的。世人在現實生活中如果隨波逐流，只去追求物質上的享受，就要經常面對各種生活壓力與精神壓力，長期下去精神負擔將會使人苦不堪言。而要想達到一個輕鬆自在的思想境界，就必須懂得凡事隨遇而安，順天由命而不必苛求。

8．失意時要懂得心寬

生活就是一面鏡子，你笑，它也笑；你哭，它也哭。——薩克萊

得意淡然，失意坦然

當人的願望得不到滿足，做事情達不到目標時，他的內心就會生出失落的心理感受。這種感受就是我們所說的「失意」。

失意在人生中，從來不是奢侈品，甚至有些人每天都會與它打個照面。求學時，一次考場敗北我們說是失意；工作時，事業無成我們說是失意；戀愛時，遭遇拒絕我們說是失意……失意如山洪一樣撲向我們。

人生的失意在所難免，雖然失意很痛苦，但它同樣也是幸福。因為失意是生活樂曲中不可缺少的音符，人生沒有了失意，生活樂曲就平淡了很多，缺少抑揚頓挫之美。也許生命中擁有了失意才是完美的，每歷經一次，我們便跨過人生的一個坡坎；每經歷一次便超越一次自我。失意塑

造你的堅強，失意塑造你的自信，失意讓你有了閱歷和見識，失意讓你體會人生百態。

「花開花落花無悔，緣來緣去緣如水。多少舊夢成虛幻，多少新夢化雲煙。雄心已在九霄外，壯志不改天地間。君曾為我送溫暖，我今為誰揚風帆？妙筆生輝一萬卷，何人燈下讀新篇？」面對失意請微笑吧！不要抱怨生活給你太多的波折，不必抱怨工作給你太多的壓力。也許生活對你不公，也許命運對你苛求，也許你的真誠沒有換回應有的感動，也許你的努力沒有收穫應有的回饋，但這就是生活，這就是磨礪。大海如果失去巨浪的翻滾，就會失去雄渾；沙漠如果失去飛沙的狂舞，就會失去壯麗；人生如果沒有失意的點綴，生命也就失去了魅力。微笑著面對失意，不要自卑，微笑著面對，微笑著接受……你要明白一個道理，失意是選擇人生道路的好機會。

人生失意時，最忌諱停下腳步、不思進取，那樣只會讓自己越陷越深。人生失意時，我們更應該保持清醒的頭腦和理智，不妨利用這個機會反省一下，重新認識自己。在失意時，發現自己的弱點與缺點是一種進步，也是一種智慧。

得意時要懂得淡然，失意時要知道坦然。遇事寵辱不驚，只把失意當成上天賜予你的一場人生考驗，從失意當中尋求為人處世的知識。讓你的眼睛換個方向，讓你的心換個角度，用不同的態度來衡量世界，這時失意又算得了什麼呢？

今天的放棄，明天的得利

失意的時候，心靈和肉體突然變得懶散，甚至溫馨的相聚也會因自己的笑聲不燦爛而索然無味。心靈找不到可以停靠的驛站，常常讓自己的思緒陷入極端低沉的痛苦中……「花無百日紅，人無百日好」，生命中的不如意如同花的凋零一樣不可抗拒。

但是，對這些都不必太在意，只要懷有一顆平常心，把握好自己，明天早晨迎接你的，又將是一個萬紫千紅的豔陽天。如果你對失意太在意，像對待工作一樣不放過任何細節，心裡難以承受失意，在失意中仍對導致你失意的事情耿耿於懷，那麼，你將永遠無法走出失意的心理陰影，失意感和痛苦會跟你如影相隨。

每個人總是會有失意的時候，鮮花與讚美、財富與權勢、知名度與聲望……這些是很多人熱衷追求的目標。為了這個目標，人們絞盡腦汁，竭盡全力，違背道德也在所不惜，在權勢的鏈條中，患得患失，憂慮焦灼，他們得到多少得意，就擁有多少失意。

想要遠離失意就要有寬宏的氣量，拿得起放得下。不要總想著自己能占盡天下所有得意之事。想要遠離失意凡事就不要太計較，太計較會讓你感到生活得很累，甚至會覺得人未老心先衰。並非所有的願望都能實現，做任何事情都要量力而為，對事物的期待也不要過高；要從失意的情緒中恢復過來，就要承認自己的痛苦和感傷，不要隱瞞，接納自己。

智者說：「失落是心理失衡，要靠失落的精神現象才能調節；失意是心理傾斜，是失落的情緒化與深刻化；失志則是心理失敗，是澈底的頹廢，是失落、失意的終極表現。」為人處世能視寵辱如花開花落般平常，就可以不驚；視職位去留如雲卷雲舒般變幻，就能無意。要克服失落、失意、失志就應該學習寵辱不驚、去留無意、得之不喜、失之不憂的心態。

只要你能夠順利走過失意，就會發現你的世界依舊絢麗，你的生命依舊燦爛，陽光依然會撫摸你的笑臉，月色依然會沐浴你的秀髮。

我們生活在這個世界就要善於承受失意，善於擺脫失意，這是一種智慧，更是一種能力，今天的放棄，正是為了明天的得到。

智慧品人生

「人生在世不稱意，明朝散髮弄扁舟。」「天生我材必有用，千金散盡還復來。」面對得失，要從容瀟灑，磊磊落落，心胸坦蕩蕩。只有放飛心情，才能看到另外的一番風景，才能夠把握人生，才能讓生活充實起來，才能讓人生飛揚起來。

9．拋開煩惱，自在生活

放下生活對你的無盡誘惑，放下讓你精疲力竭的瑣事雜務，放下身外的恩恩怨怨，放下塵世間的紛紛擾擾，放下分擔不同角色所承擔的負累，放下一段不屬於自己的感情……在放下的時候，才會體會到一些問題其實並不需要放在心裡；在放下的時候，才能體會到一些負擔並不需要挑在肩上。用平靜的心態守著自己的心，你便會感覺到生命的自在。

放下煩惱和瑣事，生活原本簡單

一位滿臉沮喪、滿面愁容的生意人來到智慧老人的面前，希望智慧老人能解答他的疑問：

「先生，我急需您的幫助。雖然我很富有，但人人都對我橫眉冷對。生活真像一場充滿爾虞我詐的廝殺。」

智慧老人回答道：「那你就停止廝殺吧！」

生意人對智慧老人漠然的告誡感到有些無所適從，也無法理解。於是他帶著失望離開了老人。在接下來的幾個月裡，他的情緒變得很糟糕，與身邊的每一個人開始爭吵鬥毆，並由此結下了不少冤家。一年以後，他變得心力交瘁，再也無力與人一爭長短了。

他又帶著滿心傷痛來到智慧老人面前：「哎，先生，我不想跟人家鬥了。但是，生活還是如此沉重，它真是一副重重的擔子呀！」

智慧老人從容地回答道：「那你就把擔子卸掉吧！」

生意人對老人依然淡漠的回答感到氣憤，怒氣沖沖地走了。在接下來的一年當中，他的生意遭遇了挫折，並最終喪失了所有的家當。妻子帶著孩子離他而去，他變得一貧如洗，孤立無援。於是他再一次來到這位老人面前：「先生，我現在已經兩手空空，一無所有了，生活裡只剩下了悲傷。」

「那就不要悲傷吧！」生意人似乎已經預料到老人會有這樣的回答，但這一次他既沒有感到失望也沒有感到生氣，而是選擇在老人居住的那座山的一個角落住了下來。

有一天，他忽然悲從中來，趴在地上號啕大哭了起來——幾天，幾個星期，乃至幾個月地流淚。最後，他的眼淚哭乾了，抬起頭來，早晨溫煦的陽光正普照著大地。於是他又來到了老人那裡：「先生，生活到底是什麼呢？」

智慧老人看了看天，然後微笑著回答道：「一覺醒來又是新的一天，你沒看見那每日都照常升起的太陽嗎？」

生活就是這樣，太多的煩惱，太多的傷痛一直占據著人們心裡的一方淨土，其實只要放下，就可以得到解脫，自在地生活，但真正的放下卻並不容易。如果放下的是自己無比珍視的，放下的是對過去的告別和決裂，放下的是一種生活和心情，你能輕易地放下嗎？有人縱酒高歌，有人熱淚滂沱，有人四處傾訴，試問：你能輕易地放下嗎？

每個人都希望自己的生活過得簡單，但每天被家庭的開支左右，被同事的爭吵束縛，為朋友的不理解而耿耿於懷……久而久之，當諸多問題在心裡形成解不開的疙瘩時，想要自在簡單的生活就成了奢望。其實只要放下，你就可以得到你想要的生活。但太多的人卻不願意放下，功名、事業等已經融入人們的生活中，要馬上放下對他們來說是一種折磨。

然而，長痛不如短痛，放下能讓自己避免痛得更厲害，為什麼不去嘗試一下呢？

生活原本簡單，是沉重還是輕鬆，完全依賴於人們怎麼去看待它。遇到煩惱，如果你擺脫不了它，那它就會如影隨形地伴隨著你，為你的生活添加一副重擔子。而無論你怎麼樣，太陽每天都會東升西落，不會因為你的煩惱而停止轉動，所以，試著放下煩惱和憂愁，就會發現生活原來可以如此簡單。

放下，幸福就在生活中

佛陀有一日出外雲遊，遇見了一個農夫。農夫的樣子看起來特別苦惱，他向佛陀說：「我家的水牛剛死了，沒牠幫忙犁田，那我怎麼下田耕作呢？」於是佛陀賜與了他一頭健壯的水牛，農夫很高興，感到了幸福的滋味。

又一日，佛陀遇見一個詩人，詩人年輕、英俊，有才華，且富有，還有一位美貌的妻子，但他卻覺得自己過得不快樂。佛陀問他：「你不快樂嗎？我可以幫你嗎？」詩人答道：「我什麼都有，只欠一個東西，你能給我嗎？」佛陀回答：「可以，你要什麼我都可以給你。」詩人眼睛直直地望著佛陀：「我要的是幸福！」這下可把佛陀難住了，他想了想說：「我明白了。」

然後佛陀把詩人已經擁有的東西全都拿去了。拿走了詩人的才華，毀去了他的容貌，奪走了他的財產和他妻子的性命，做完這些事情後，佛陀便走了。

一個月後，佛陀再次來到詩人的身邊，詩人那時已經餓得半死，衣衫襤褸，躺在地上掙扎。於是，佛陀又把一切還給了他。然後，就離去了。

半個月後，佛陀再次去看詩人。這次，詩人摟著妻子，不停地向佛陀道謝。因為，他已經得到了幸福而在此之前他卻並沒有感覺到。

其實，生活在無形中就已經給了人們想要的東西，但是追逐的目光卻讓他們不懂得放下，對自己已經擁有的東西視而不見，當然也就不懂得駐足欣賞自己已經得到的。失去後才感到已有東西的珍貴。

既然放不下，那就對那些放不下的事情負起你應有的責任吧。幸福是放下，幸福是放下那些瑣事得到的暢然，是珍惜自己身邊所擁有的事物，是需要時得到的滿足；放下是明白什麼是幸福的必經之路，是擺脫煩惱珍愛生命積極生活的開始，只有學會放下，你才能體會到生活帶給你的幸福。

生活中誰都會遇到這樣或那樣的煩心事，並時不時地為之煩惱，面對這樣的狀況你是否想過應對之策？辦法其實很簡單，只要放下即可，放下對凡事的執著，放下無故滋生的煩惱，就會發現幸福其實就在你的掌控之中。

智慧品人生

人人都渴求自在的生活，都在為生活的自在而努力拚搏著，同時也開始有無窮盡的煩惱隨之產生。其實要想生活得自在一些，只要拋開心頭的諸多煩惱，放下留在心中的雜念，放下對凡事的諸多要求，就會擺脫生活中的諸多束縛，自由自在就不再是空想。

10．難得糊塗，放下才聰明

鄭板橋說：「聰明難，糊塗尤難，由聰明而轉入糊塗更難。放一著，退一步，當下安心，非圖後來報也。」做人難得糊塗，是老謀深算的清醒，也是臥薪嘗膽的大度，更是心中有數的正派。

難得糊塗，生活中要放下

生活中，難得糊塗。難得糊塗其實就是「睜一隻眼閉一隻眼」的為人處世方式。雖然糊塗時難免會吃虧，但吃虧多了也是福。因為當人們理解你吃虧的原因時，會十分樂意與你交往。倘若以後有什麼好事情、好東西要與人分享時，首先想到的人可能就是你。特別是在你遇到什麼困難或者挫折的時候，一定會義不容辭地幫助你、關心你、支持你、鼓勵你！難得糊塗，不會讓你一失足成千古恨，為自己當時寧為玉碎、不為瓦全的選擇而懊悔。

其實，難得糊塗，並不是真的糊塗，而是退避三舍的相讓，鞠躬盡瘁的遷就，一語道破的明智，躊躇滿志的博取，心安理得的品味。難得糊塗，只是智者的一次聰明地放棄而已。難得糊塗的人永遠不會真的糊里糊塗。在生活中人們都願意做一個糊塗的智者，既然糊塗一點就能得到自己想要的，那何樂而不為呢？

難得糊塗，不是與世無爭的軟弱，而是退一步海闊天空的豁達；不是明哲保身的逃避，而是讓三分風平浪靜的睿智；不是苟且偷生的迂腐，而是真金不怕火煉的忠貞。只要守得雲霧開，哪怕等待有多久。每當狂風驟雨來臨之際，不要馬上顯露勇夫的魯莽，做出不堪設想的舉動，裝作糊塗一些，雷打不動的沉穩，相信風雨過後一定會有彩虹出現。

聰明好，糊塗更好。聰明人懂得享受，糊塗人也不會吃虧。聰明讓許多人自以為是，在自命清高中膽大妄為，糊塗卻可以使人以身作則、嚴於律己；聰明致使許多人鉤心鬥角、爾虞我詐且好高騖遠，但糊塗致使一些人心平氣和、處之泰然且知足常樂；聰明致使許多人夢寐以求、紙醉金迷地坐享其成，但糊塗致使一些人自強不息、知難而進地勇往直前；聰明人凡事都去爭搶並講究氣派，喜歡拋頭露面、好為人師，糊塗人凡事不去追逐卻三思而行，喜歡默默無聞、謙虛謹慎；聰明人不是隨波逐流就是今朝有酒今朝醉，糊塗人不是步步為營就是今朝有書今朝讀；聰明人既吃著碗裡的又要看著鍋裡的，糊塗人只是吃著碗裡的從不想著鍋裡的。

真正聰明的人都是聰明的糊塗，十分懂得把握「放長線釣大魚」的良機，此時他們的糊塗可以說是一種非常老練圓熟的凸現。難得糊塗，是生活中最不可缺少的，也是人們學會放下的真正涵義。

糊塗高人不糊塗，真糊塗不是高人。高人糊塗永遠都不是自認軟弱、甘拜下風的墮落。他們的糊塗只是自我調節心境而放下情愫而已，放下煩惱，放下苦悶，放下壓抑，放下名利，從而使自己得到疏放、減壓、解脫和坦蕩。

人生難得糊塗，人們能做的就是好好地做好自己，完善自己，在生活中做聰明的糊塗人。要做個智者，就要先學會糊塗，學會在糊塗中放下自己不願放下的，這樣才能在生活中做個名副其實的聰明人。

智慧品人生

難得糊塗，糊塗難得。生活中需要糊塗，卻不是經常糊塗。在生活中適當地糊塗是高視闊步的遠見，有了糊塗的遠見不會再有蠱惑短視的計較。適時地糊塗是高風亮節的鮮活，有了糊塗的鮮活就不會再有心如止水的黯然。適度地糊塗是高瞻遠矚的敏銳，有了糊塗的敏銳就不會再有鼠目寸光。想在生活中做一個糊塗的智者，只要放下，人人都可以。

11．活在當下，放下壞心情

「活在當下」就是「快樂來臨的時候就享受快樂，痛苦來臨的時候就迎向痛苦」，在黑暗與光明中，既不迴避，也不逃離，以坦然的態度面對人生。「活在當下」，讓自己有期許、有願望、有好的心情，使自己永保喜悅之心。

活在當下，學會放下

人們在生活中總會產生各種各樣的抱怨：出門坐車人多，擠來擠去難免發生身體碰撞，有的人一笑置之就過去了，有的人卻偏要計較，於是言語相向，甚至大打出手；作為消費者時總希望買到物美價廉的東西，還擔心別人賣的是假冒偽劣，輪到自己做商家時，則希望賣得越貴越好，說不定還會來個宰你沒商量；夫妻之間、朋友之間、同事之間稍有言語不和或者處理失當，便懷恨在心，於是睚眥必報，最後鬧得兩敗俱傷；吃了點小虧，總覺得人家欠了自己五斗米，弄得食不甘味，睡不成眠。凡此種種，或許都是因為沒有理解：放下，一切都會變得很簡單。

人生的諸多煩惱追根溯源就是不會放下，放不下，自然積在心中成為怨氣。為了發洩怨氣，就難免會鬧出各種矛盾來，傷害了別人，也傷害了自己。世界上哪有那麼多深仇大恨，值得耿耿於懷，一定要以牙還牙才能後快？要想在當下活得舒坦，活出自我，為什麼不學會放下呢？

想有個好心情，就得學會從壞心情中解脫出來。肯放下壞心情的包袱，就會有好心情的到來。人在心情不好的時候，就越會不自覺地把壞心情抱得更緊，結果心情更壞，更難過。

人生短暫，何不放下不快，積極地享受生活呢？

每個人都是生活的主體。作為生活主體的一份子，你不快樂誰快樂，你不享受誰享受？難道要把所有的財富都留給後代，那麼後代的財富又留給誰呢？生活是人類在生活。正是有了人類，才有了生活，是人類創造了生活；也正是有了生活，我們才能享受生活，因此人類是享受生活的理所當然的人選。人類之所以要努力工作，就是為了能生活得更好，因此你不能本末倒置，把最主要的給忘了。

人類的壽命是有限的，不是永恆的。如果你想以後再享受生活，這是很不對的想法，如果哪一天你不幸離開這個世界，那不是白來這個世界走一遭了。因此我們要抓住時機好好地享受生活。你學會了享受生活，你也就釋然了，那些不快也就離你而去了。

放下是人的一種心境，也是人的一種胸懷，更是人的一種品格。活在當下，學會放下，那麼好心情就永遠屬於你。

放下壞心情，活出新自我

人們在心情不好的時候常會沉浸在壞心情中，看什麼都不順眼，關門不跟別人說話，嘟著嘴生悶氣，鎖著眉頭胡思亂想，結果使心情變得更壞，會更難過。

一位旅者，經過險峻的懸崖時，腳下一滑，眼看就要掉落山谷中，情急之下他抓住懸崖下的樹枝，卻上下不得，於是默默祈求佛陀發慈悲營救他。而這時佛陀真的出現了，伸出手過來接他，並說：「好！現在你把抓住樹枝的手放下。」但是旅者執迷不肯鬆手，他說：「把手一放，勢必掉到萬丈深淵，粉身碎骨。」因此，旅者反而把樹枝抓得更緊，就是不肯放下。這樣一位執迷不悟的人，佛陀也救不了他。

人們之所以會有壞心情產生，原因就是他們習慣抓住某個念頭，將其死死握緊，就好比那個執迷不悟的旅者一樣，乞求佛陀的幫助，當佛陀真的要幫他時卻不願意鬆手。

所以，要想活出自我，就要學會放下壞心情，拒絕受它折磨才行。放下壞心情，擁有好心情的關鍵就在於你是否能從原有的壞心情中解脫出來，從煩惱的死胡同中走出來。只要肯放下心中的包袱，審視清楚，拋開那些給自己造成困擾的想法，給自己一個清醒的頭腦，學會放下，學會割捨，好心情自然就會靠近你。

每個人都有改變心情的機會，若不懂放下去尋找新的機會，發現新的思考空間，那只會讓自己陷入愁雲慘霧中，讓壞心情無法釋去。

在生活中苦於奔波的人們，忙忙碌碌大都是為了讓自己生活得更好，想要活出自我。然而，在人們生活越來越好，衣食無憂，萬事不愁時，卻沒有得到自己想要的自我和快樂，只感到生活與環境的壓力，好心情離自己越來越遠。這是為什麼？

因為雖然物質豐富了，心卻浮躁起來，相互攀比，這山望著那山高，滿腦子除了錢還是錢，人的心也隨錢多錢少、錢漲錢落而沉浮其中，背負著錢奴與房奴等諸多的生活壓力與精神壓力，不懂得放下，在追求自我的過程中迷失自己，何談輕鬆自在？

許多人都在想：精神與物質孰輕孰重？活在當下的人們，都在為自我而努力著，然而物質極大地豐富了，精神卻是極度地空虛，又有何快樂可言？相反，一些精神世界豐富的人，雖然清貧，卻是神清氣爽，活得超然自在。

既然在當下的生活中，金錢、物質、享受都不能帶給我們快樂，人們能做的就是守住自己的心靈，調整好自己的心態，放下諸多影響心情的欲望，如果不懂得放下自己沉重的心思，活出自我不是空話又能是什麼？心情不好時，捨棄諸多身外之物，心靈就會變得澄清明淨起來；而放下壓在心上的不快，身心也自然會變得輕鬆自在。讓自己從錢奴、房奴等物欲中解放出來，你的好心情能不回歸嗎？

我們在生活中，感到壓力大、心裡煩，被各種煩惱所擾時，也許並不是煩惱真的太多，而是我們習慣於將負面的情緒與觀念都統統背在身上，不知道，還可以選擇放下。放下，就是將壓在我們身上的重擔統統放下，在輕鬆與愉悅中，邁向健康人生的幸福大道。

只有把該放下的放下，才能找到自己的快樂與幸福。

智慧品人生

活在當下，複製快樂，刪除煩惱，很快就會找回自我，做自己快樂的主人。保持平常心，不以物喜，不以己悲，放下壞心情，何樂而不為？學會放下、學會放棄、學會捨得，你才能在當下的生活中得到自己想要的好心情，你就會覺得生活讓壞心情來主宰，是一件很不划算的事，也是一件得不償失的事。

第八章

快樂人生，燦爛晴空——愈放下愈快樂

人活著就是為了快樂，而放下就能快樂！

有時，靜下心想想，只要我們化繁為簡，快樂便伸手可及。用心靈感受快樂、用思想體驗快樂，放下就能簡單，放下就是快樂。

拿得起是勇氣，放得下是度量；拿得起是能力，放得下是超脫。鮮花掌聲能等閒視之，挫折、災難能坦然承受。「人生最大的成功是拿得起，生命最大的安慰是放得下。」一個人往往只有經歷了漫長的人生跋涉後，才能最終明白生命的意義其實並不在於獲得，而在於放下。放下了，就能快樂。

1．人生之路始於「放下」

我不會「抓緊」任何我擁有的東西！我學到的是，當我抓緊什麼東西時，我就會失去它。如果我「抓緊」愛，我也許就完全沒有愛；如果我「抓緊」金錢，它便毫無價值。想要體驗「擁有」的唯一方法，就是「放下」。——尼爾·唐納·沃許

始於「放下」，終於「快樂」

「放下」本是一句禪語，《禪意與化境》中道：「放下你的外六塵、內六根、中六識，一直捨去，捨至無可捨去，是汝放生命處。」然而，又有多少人能夠真正懂得這種境界呢？

人在原始的時代裡，過著封閉的生活，以為視所能及之界，步所能至之處便是所有的天地，而原始的平等與平均使人欲也隨之淡化。是想像和美好的心願開啟了人類欲望的大門，任何可以想像又力所能及、智所能為的產物開始了天地間的變化。從此人類對生活不再滿足，欲望得到了無盡的「昇華」。在追求物質的過程中，欲望得到了充分的滿足，但心靈卻似乎再也找不回當初的那份寧靜和安詳。

物欲橫流的今天，數字的多少劃分著人們的等次，打破了人們內心的平衡寧靜。忙碌的腳步，躁動不安的心，努力地尋找提升自身社會階級的機會，不擇手段地往上鑽，人們變得幾乎瘋狂。謊言被人崇拜，實話被人遺忘。掩耳盜鈴，自欺欺人，是非難辨……

有這樣一個故事：一天，無德禪師正在院子裡鋤草，迎面走過來三位信徒向他施禮，說道：

「人們都說佛教能夠解除人生的痛苦，但我們信佛多年，卻並不覺得快樂，這是怎麼回事呢？」

無德禪師放下鋤頭，安詳地看著他們說：「想快樂並不難，首先要弄明白人為什麼活著。」

三位信徒你看看我，我看看你，都沒料到無德禪師會向他們提出這個問題。

過了片刻，甲說：「人總不能死吧！死亡太可怕了，所以人要活著。」

乙說：「我現在拚命地工作，就是為了老的時候能夠享受到糧食滿倉、子孫滿堂的生活。」

丙說：「我可沒你那麼高的奢望。我必須活著，否則一家老小靠誰養活呢？」

無德禪師笑著說：「怪不得你們得不到快樂，你們想到的只是死亡、年老、被迫工作，而不是理想、信念和責任。沒有理想、信念和責任的生活當然是很痛苦、很累的。」

信徒們不以為然地說：「理想、信念和責任，說說倒是很容易，但總不能當飯吃吧！」無德禪師說：「那你們說有了什麼才能快樂呢？」

甲說：「有了名譽，就有一切，就能快樂。」

乙說：「有了愛情，才能快樂。」

丙說：「有了金錢，就能快樂。」

無德禪師說：「那我提個問題，為什麼有的人有了名譽卻很煩惱，有了愛情卻很痛苦，有了金錢卻很憂慮呢？」信徒們無言以對。

無德禪師說：「理想、信念和責任並不是空洞的，而是體現在人們每時每刻的生活中。我們必須改變生活的觀念、態度，生活本身才能有所變化。名譽要服務於大眾，才有快樂；愛情要奉獻於他人，才有意義；金錢要佈施於需要得到幫助的人，才有價值。這種生活才是真正快樂的生活。」

一個永遠不想放下的人，是一個沉重的人；一個永遠不能放下的人，人生就難有新的收穫和新的體驗，不過是空忙一場。如此負重累累的人生又怎能承受生命的重量？

「放下」是一種平淡的心境

不要煩惱時光的反覆不變，因為日月就是經由這樣的交替來變更年輪；不要埋怨歲月的無常，因為無常的是被五彩繽紛煩擾的心。放下是一種平淡的心境，以淡泊之心處世，才能真正做到放下。當心靈在晨鐘暮鼓的洗滌中慢慢被淨化時才發現，曾經以為不能放下的東西在不經意間已經被遺忘。一切始於空白，又終於空白。

「放下」並不意味著放棄。放棄是絕對的，放下是相對的。放下是為了更好地進取，當你放下自我，捨棄擁有，你會獲得從頭再來的充實，品味收穫的喜悅，擁有創業的榮耀……你得到的是對生命真諦的理解。

人們總是被自己過多的欲望折磨著，想找到一個出口，然而卻不斷地迷路。就算偶爾收穫也只會是小人得意的淺薄，歡笑之後的痛苦只有自己品嘗。

人們總是喜歡站在高處遠眺前方，卻忘了「高處不勝寒」。其實，有時也應該在高處站成低頭的姿勢，給自己一次俯視的機會。約束自己，不要總顧著向上攀登，過一過簡單的生活，好心情反而不期而至。

漫漫人生旅途，一路走來，閱過數不盡的山山水水，遇過道不清的風風雨雨，有所得必有所失，只有放下，才能擁有一份輕鬆，才會活得更加充實，更加坦然。當你捨棄浮華，放下包袱，輕鬆上路的時候，你會感到從來沒有過的開心與自在，這就是簡單質樸、快樂相伴的生活，每一個人都應該好好去享受。

智慧品人生

懂得放下的人，才是懂得生活的人；學會了放下的人，才有可能擁有更為廣闊的天空。放下，既是理性的表現，也是豁達的舉動。寵辱不驚，閑看庭前花開花落，讓身與心得到恬靜地休憩，讓情與景得到自然地交融。放下，你會發現沙漠很美，因為其中藏著一方綠洲；放下，你會發現空谷很美，因為有蘭花幽幽綻放；放下，你會發現生活很美，因為有親情、友情、愛情的支持。

一花一世界，一葉一春秋，一沙一天堂，一水一桃源。放下一切，瀟瀟灑灑，坦坦蕩蕩，真真切切，從從容容。歷經滄海桑田，終得返璞歸真。「快樂地經歷風雨，輕鬆地面對人生的起伏」，才是最精彩的人生狀態。

2．放下就能快樂

快樂是一顆開心果，是一粒解煩丹，是一道歡喜禪。只要你心無掛礙，什麼都看得開、放得下，何愁沒有快樂的春鶯在啼鳴，何愁沒有快樂的泉溪在歌唱，何愁沒有快樂的鮮花在綻放？

想快樂，就放下

何為快樂？快樂其實是一種心情，一種柳暗花明的豁然開朗，一種重負頓釋的輕鬆愜意，一種撥開雲霧見到朝陽的驚喜，一種洞悉人生真諦的大智慧。

在每個人的心靈深處，都會有一塊屬於自己的純潔聖地，快樂就隱居於此，她操縱我們每天的心情：時而像萬里晴空中的朵朵白雲悠然自得；時而又像雨後的彩虹絢麗奪目；時而感受春風送來的問候；時而享受白雪皚皚中的那份寧靜。

然而，身居鬧市的你是否發現，我們的心情愈來愈難以駕馭，承載他的那塊聖地正在漸漸地脫離我們的身體，離我們愈來愈遠……取而代之的是整天被名韁利鎖纏身，陷入你爭我奪的境地。我們肩負著不斷追求名譽、金錢、權勢等太多的負累，不停地為自己描繪著自以為前程似錦的美好藍圖。就這樣，我們在名利的誘惑下，一天天地在世俗的沼澤中掙扎，愈陷愈深……

一個富翁背著許多金銀財寶去尋找快樂，可是，走過千山萬水也未找到，於是他沮喪地坐在山路旁。這時，一位農夫背著一大捆柴草從山上下來。富翁說：「我是個令人羨慕的富翁，為何沒有快樂呢？」農夫放下沉甸甸的柴草，舒心地擦著汗水說：「快樂很簡單，放下就是快樂呀！」

富翁恍然大悟：是啊，自己背著沉重的珠寶，既怕人偷又怕人搶，還怕被人謀財害命，整天提心吊膽，快樂從何而來？於是，富翁放下財寶，並用它接濟當地的窮人。從此，富翁不再擔驚受怕，憂心忡忡，反而因為幫助了窮人，得到了窮人的感激和愛戴而快樂起來。

人生其實就是要生活得很幸福，不一定有輝煌，不一定有地位，卻一定要有「放下」的智慧，讓心靈釋荷。放下曾經的輝煌，昔日的苦難，放下對舊日戀情的回憶，卸下身上所有束縛我們前行的包袱，人生最大的幸福就是輕鬆前行。

放下壓力，活得輕鬆；放下煩惱，活得幸福；放下自卑，活得自信；放下懶惰，活得充實；放下消極，活得成功；放下抱怨，活得舒坦；放下猶豫，活得瀟灑；放下狹隘，活得自在……

「放下就是快樂」是一劑靈丹妙藥，對每個人都適用。放下，是一種生活的智慧，是一門心靈的學問。快樂與不快樂，就看你是否學會了放下。

學會放下，讓心靈釋荷

人生萬象，快樂無處不在，事情辦好是快樂；辦不好，能汲取經驗，也是一種快樂。身體勞累時，休息就是一種快樂，心靈疲憊時，和朋友傾訴就是一種快樂。

我們要努力學會放下，才能使心靈釋荷，身軀輕盈，才能找回真實、簡單、輕鬆、快樂的自我；才能夠騰出手來，抓住真正屬於自己的快樂和幸福！

有一個人覺得生活每天不堪重負，沒有絲毫的快樂可言。於是，他去請教一位德高望重的哲人。哲人把一只竹簍放在他的肩上說：「你背著它上路吧，每走一步都要從路邊撿一塊石頭放在裡面，看看是什麼感受。」那個人雖然大惑不解，可還是按哲人說的去辦了。剛走了幾百步，他就感到背負太重受不了了，因為竹簍裡已經裝滿了沉重的石頭。

「知道你每天為什麼不快樂嗎？因為你背負的東西太沉重了，它已經把你的快樂壓抑殆盡了。」哲人從竹簍裡一塊一塊地取著石頭說：「這塊是功名，這塊是利祿，這塊是小肚雞腸，這塊是斤斤計較……」當大半簍石頭被扔掉後，那個人背起竹簍走起路來感到從未有過的輕鬆。

生活原本是有許多快樂的，只是因自己常常自生煩惱而空添了許多愁。努力地追逐著快樂，卻又把不該看重的事情看得太重，總想放下些什麼卻總也放不下。每日在塵世穿梭忙碌，忙著經營自己的世界，可是到頭來卻一點也感覺不到快樂。

其實，快樂是簡單的，放下就是快樂。坦然面對不快樂的事，放開工作生活中的瑣事，不再糾纏一些恩怨情愁，不再為自己增加無謂的煩惱。想開了，放下了，長久的苦悶和煩惱、失落和渺茫頓時就會煙消雲散了，剎那間就會有莫名的輕鬆，如釋重負。走出困境，一切是那麼的輕鬆美好。

若總是把不如意的事記在心裡，談何快樂？沉醉於對名利的追求、對金錢的角逐中，何談快樂？成天陷入對利益的爭奪中，為了一丁點利益，就與昔日的好友反目成仇，快樂何來？成天心事重重，陰霾不散，拿不起，放不下，快樂又何在？小肚雞腸，心胸如豆，鼠目寸光，疑心重重，快樂又何處去尋？要快樂，就要看得開，放得下。

生活就像一只竹簍，我們之所以感到背負沉重，感到生活不快樂，其實是作繭自縛，自己給自己增加了功名利祿的重負，只要將這些自尋的負擔統統拋棄、放下，快樂就會縈繞在你的生活中了。

智慧品人生

放下是一種感悟，更是一種心靈的自由。「放下就是快樂」是頓悟之後的豁然開朗，重負頓釋的輕鬆，雲開霧散後的陽光燦爛。只要你心無掛牽，什麼都看得開、放得下；只要你懂得珍惜現在，多些成熟，少些煩惱，多點深思熟慮，少點後悔遺憾；只要你在人生的追求中能多一份淡泊，少一份名利，多一份真情，少一份世俗；只要你拋棄一些塵世的煩擾，留一份寬闊的空間給心靈安個家；只要你放下你該放的東西，你便會擁有快樂的人生！

3・簡單即是快樂

人活在這個世界上，最重要的是什麼？是錢，是事業？都不是，是快樂！

化繁為簡，快樂至上

這個世界，已經很少有人發自內心地去感受快樂，隨時飛揚在嘴角的笑容只是為了掩飾自己錯綜複雜、千變萬化的內心而已。

其實，世界原本很簡單，只是人心會隨時變得很複雜。「人」字只有簡單的一撇一捺，但就是這簡單兩筆書寫的人，卻又衍生出形形色色的人，如好人、壞人、善人、惡人等等，構成了人的複雜。

人生本也簡單，就是從生到死兩個字。但這生與死的過程裡，經歷過風雨飄搖，體驗著世態的炎涼冷暖，這又讓簡單的人生變得變幻莫測，有著未知的、不可理解的複雜。

智者的簡單，並非貧乏或者貧窮，而是繁華過後的淡泊，是去繁就簡的境界。他們在物質生活和人際交往上，控制自己的欲望，盡量追求簡單。精神追求上，卻恰恰相反。一個在物質和世俗關係方面追求很少的人，才可能用更多的時間去擁有精神世界的多姿多采，才能擁有快樂。

人，一複雜了就變得痛苦；人，一簡單了就變得快樂。可是複雜痛苦的人卻如此之多而不可數，讓自己真正簡單快樂的人卻如此之少。利益的誘惑、名利的渴求、私欲的膨脹，使我們在行走之中，時時要小心翼翼並提防著一切；人與人之間的爾虞我詐、鉤心鬥角、猜忌誤會，有形無形中出現的傷害，使我們提心吊膽，時時給自己套上一層虛偽的外套，塗上一層厚厚的保護色，故作城府與世故，不輕易回歸真實的自己，還原自我的本色。

其實，對於每一個人來說，快樂並非遙不可及。在許多時候，快樂可能就在你的眼前，在你的腳下，在你的身旁，在你的心上。簡單、放下、知足、做自己喜歡做的事等等，都可能成為人們快樂的源泉。

化繁為簡，及時放下，才能快樂至上，只要你心無牽掛，對什麼都看得開、放得下，那麼，快樂的白雲就會在你的頭上飄蕩，快樂的鮮花就會在你的身旁綻放，快樂的春鶯和泉溪就會在你的耳邊啼鳴和歌唱。

複雜，是生命之中永遠灰色的心情。

簡單，是人生景致中最美麗的姿態。

因為簡單，所以快樂

生活雖然需要經營，但挖空心思、處心積慮地經營最終只會落得個「機關算盡太聰明，反誤了卿卿性命」。要想過得快樂，那就選擇簡單的生活，人無以應對紛繁的世界，唯一可以把握的是自己的選擇。

有這樣一則廣告語：把簡單的東西複雜化——太累，把複雜的東西簡單化——貢獻。簡單不意味著人性就單純、幼稚、無知，相反卻是一種超凡脫俗的大智若愚，就算身處紛亂複雜之境，也能體驗到「眾人皆醉我獨醒」的那份灑脫與淡然。複雜不意味著其人就高深莫測，相反卻讓人感覺雲裡霧裡、模棱兩可，以如此複雜的姿態存在，想想，於人於己都是一種累。

思想簡單者才是最快樂的，「傻人有傻福」就是這個意思。禪的最高境界，其實就是一個「淡」字。淡者，即淡然、簡單也。世事用簡單的眼光去對待，懷淡然的心態去把握，更多了一份美麗與快樂，如此之收穫何樂而不為呢？

因為忙所以亂，因為亂所以煩。因為想得少，所以簡單，因為簡單，所以才會快樂！擁有快樂人生，就要「一切從簡」。

智慧品人生

簡單即快樂，這是一個等式，因為簡單使人寧靜，寧靜使人快樂。

一個心中有堅定信念的人，一個有明確人生目標的人，會心無旁騖，將可能引起憂思苦惱的事物丟棄掉，不讓它干擾自己的身心和腳步，讓自己在生活中快樂地向前走。要想獲得快樂，就不能背負太多無用的東西，要學會清理和放棄。

4．笑看人生的輸贏得失

不要感嘆自己缺少什麼，能夠放下自己擁有的東西的人，才是一個真正有智慧的人。

忙忙碌碌的現實生活，人們時常被名利所擾、被輸贏所困、被怒氣所傷，雖然心裡都有「健康第一，快樂至上」的信念，但捨本逐末的行為還是時常發生。

古人云：「以恕己之心恕人，以責人之心責己。」但今天能解其味並身體力行的人可謂鳳毛麟角。每當遇到「不平事」時，要麼大動肝火，要麼心生悶氣，不僅惹得雞犬不寧，還扭曲了自己的心態，終日在「是可忍孰不可忍」的悲憤中蹣跚行走。

其實，生命中的「擁有」是很平常的，而「失去」也是正常的。如果緊緊抓住失去不放，永遠也不會得到。放下失敗，抓住成功，就可以讓生命重放光彩。而這一切，需要你有一顆淡泊名利得失、笑看輸贏成敗的平常心。

輸贏只是暫時，並非永恆

一個能夠笑看輸贏的人，做人懂得變通，懂得如何「靈活走位」，每做一件事，都會盡力，結果縱然不盡如人意，也不會怨天尤人。成敗又有何關係呢？此處不留人，自有留人處。更何況人生的輸贏，不是一時的榮辱所能決定的，今天贏了，不等於永遠贏了；今天輸了，只是暫時還沒贏，不代表以後就不能贏。

一個能夠笑看輸贏的人，會樂意去幫助他人，不求名、不求利、不求回報。他知道從內心裡獻出去的東西，依舊會從內心裡產生出來。他自己就像一家能源工廠，生產力很高，永遠能提供給自己最大的能量。

成事在天，心態決定輸贏得失

得與失在我們心中只有一線之隔。當你意以為得，就是得意；意以為失，就是失意。能夠悟透得失的人，才會有快樂的人生。

意以為失時，拒斥財富、拒斥健康、拒斥快樂，使人愁上加愁，苦中添苦；而意以為得時，身體能迸發出驚人的使人奮進的力量，它能創造財富，創造健康，創造成功，消除煩惱，收穫快樂，並且讓你的人生充滿輝煌。

一個能夠笑看輸贏得失的人，乃胸懷寬廣者，乃淡泊名利者，更是個智者，他們深信通過自己並利用自己的潛能足以實現夢想，他們認為積極美好的心態是做事成功的精神食糧。

一個在生活中能笑看輸贏得失的人，絕對不是一個只注重最終勝負結果的人。他們看重的是奮鬥的過程，「得」是勞作的結果，無論勞心勞力，「得」都是心願的實施，了卻了心願。

讓我們改變思考的重心，試著去想美好的東西，就能讓你坦然面對輸贏得失，使自己快樂起來，不是抱怨你的學習成績好壞，你的薪水多少，而是感激你能擁有這個學習、工作的機會；不是期望你能去夏威夷、斐濟群島度假，而是想到在你家附近遊玩也會有樂趣。

太多的欲望是人生的一杯苦酒，人生不必背負太重的責任，只要向著陽光，陰影就留在你背後；人生沒有過不去的坎，最優秀的人就是你自己，讓樂觀主宰你一生。

笑看人生中的輸贏得失，坦然享受快樂，不是得到的多，而是計較的少。俗話說：「你得其利，就得承受負面之弊。」人不可能得到了你想要的，就永遠不會失去。

你真正能得到的只有人間的親情和真情，至於權力、金錢、財富都不是永遠屬於你的，它們總有一天會失去。不管每件事有多少有形或無形的枷鎖，無論是在什麼樣的條件下，只要精神、意志是平和的、平淡的，只要你勇敢地面對事實，用樂觀向上的心態在充實自由的世界裡馳騁、翱翔，那麼收穫才會多於損失，開心才會大於煩惱，生命才會擁有真正的快樂。

5.捨「小」顧「大」，放下的哲學

在生活中或工作中，我們最容易犯的錯誤之一，就是抓住了什麼就不願意鬆手。這樣導致的結果，往往就是無法繼續成長、超越，導致因小失大、後退乃至更嚴重的錯誤產生。

見小利則大事不成

種種現實的不如意永遠都只是短暫的，身處困境時，採取積極主動的態度，審時度勢，放下小利，能為自己爭得更多、更好的生存和發展空間。輕鬆愉快地過好每一天，讓自己的事業和家庭更快地發展和得到更圓滿的幸福，也能換來更廣闊的人生天地。

不要總是緊握你的雙手，不要總是把你的杯子裡裝滿水，只有倒出杯子中的水，才可以裝進新的水，更不至於讓原來杯子中的水發臭。不要害怕鬆手，有時鬆開的手比握緊的手擁有更多！過於看重細枝末節，會撿了芝麻，丟了西瓜。一定要因事而異，有時，不捨得放棄，往往會因小失大。

從前，晉國想攻打小國「虢」，而進攻虢國必須經過虞國。因此，晉王乃贈給虞王很多寶物與駿馬，要求虞王讓晉國軍隊通過虞國，使他們能順利攻打虢國。虞國有一位大臣極力反對借路給晉國。他說：「中國與虢國關係十分密切，如果借路給晉國，那麼虢國滅亡之時也將是中國滅亡之日。請陛下立刻拒絕他們的禮物。」

但是，看著眼前耀眼的寶石和美麗的駿馬，虞王早已心花怒放，對大臣的忠告一句也聽不進去，馬上下旨借道給晉國。而結果正如大臣所說，晉軍在滅了虢之後，回程便攻破虞國，得到了更多的寶石和駿馬。

貪心的虞王為眼前小利在該捨時不捨，該放時不放，因小失大，落入亡國的悔恨中，一生再無快樂可言。

捨小見大，放下才能超越

在人生中，必要的放棄不是失敗，而是智慧；必要的放棄不是削減，而是昇華。可是，生活中有太多不會放棄的人，總給自己背上很多愚蠢的負擔。那些樣式過時、穿上去使你感覺很不舒服的舊衣服，寧肯讓其占據著本就擁擠的空間，還要時常收拾整理，也不扔掉；那些看一次彆扭一次的舊照片，寧肯讓其日積月累地收藏在相本裡，也沒有想過把它們銷毀；很多從來也用不上、沒什麼紀念意義的東西，更是占據著有形的或無形的空間。

在人們的職業生涯中，這種現象也體現得淋漓盡致。很多時候，不懂得放棄的人，其實是內心有錯誤的貪婪思想——我全都要！結果事與願違。想要的得不到，不要的全來了。未得到的是好的，得到的是壞的。人們貪多求全，想面面俱到，不及時放棄，最終吃了大虧。

歌唱家帕華洛帝說：「選擇和放棄是一件痛苦的事情，但卻是成功的前提。」的確，在選擇擁有和放棄之間，人往往難以作出決定。但是你千萬不要因此而逃避選擇，害怕放棄。因為無論成功也罷，失敗也罷，都需要鬆手放下。不懂得放棄的人，往往會因小失大。

在人生的道路上你應該永遠向前看，並且不要背負沉重的包袱，身後的腳步就讓它留在身後吧！前進才是你應該選取的人生態度。人在行走的途中所經歷過的種種，既有可能成為你前進的動力，也有可能成為你前進的絆腳石，這完全取決於你的選擇。

鬆開手，放下「小」，敢於重新再來，才能超越自我，迎來人生最大的「大」。

智慧品人生

捨與得的道理雖然淺顯，能夠取捨自如者卻很少。太多的名利、愛恨、得失、貧富、榮辱困擾著我們的心，讓我們對生命過程中倏然而逝、虛無縹緲的各種假象緊緊抓住不放。

我們應當怎樣放下呢？放下就要能「捨」。捨後面還有一個字——得。也許我們每一個人都應該嘗試放下的心態，學會放下。正如古人所說：「捨得，小捨就小得，大捨就大得，不捨就不得。」

6．寬廣胸襟，無憂也無惱

法國文學大師雨果說過：「世界上最寬闊的是海洋，比海洋寬闊的是天空，比天空更寬闊的是人的胸懷。」擁有寬闊胸懷的人，能「記人之善，忘人之過」，包容人世間所有的喜怒哀樂、酸甜苦辣。有了這樣的胸襟，人豈難快活一世？

心寬快樂自相隨

大千世界處處有美麗，處處有快樂：涓涓的溪流、風中的綠葉、黃昏的彩霞、舒卷的白雲，飄灑的雪花……造物主給了大自然快樂的種子，也在每個人出生時的心中種下一顆快樂的種子，如果一味埋怨生活，只會煮熟這顆種子，換一種心境，種子才會發芽。

要讓心中的這顆快樂種子發芽，就要我們經常給它澆水施肥，而在所有肥料中，最重要的就是「寬容」。寬容是什麼？寬容是豁達人擁有的胸懷，寬容是知心人給予的理解，寬容是睿智人持有的忍耐，寬容是快樂人所獨有的心態。就像這句話：「一隻腳踩扁了紫羅蘭，它卻把香味留在那腳上，這就是寬容。」

一天晚上，老禪師在禪院裡散步，突見牆角那有一張椅子，他知道有和尚違犯寺規越牆出去溜達了。但是老禪師並未聲張，走到牆邊，移開椅子，就地而蹲。少頃，果真有一小和尚翻牆而歸，黑暗中踩著老禪師的背脊跳進了院子。

當他雙腳著地時，才發覺剛才踏的不是椅子，而是自己的師傅。小和尚頓時驚慌失措，張口結舌。但出乎小和尚意料的是，師傅並沒有厲聲責備他，只是以平靜的語調說：「夜深天涼，快去多穿一件衣服。」

老禪師寬容了他的弟子。因為他知道，寬容是無聲的教育，有時寬容引起的道德震動比懲罰更強烈。寬容別人，也就是寬容自己，遠離憂愁煩惱，讓快樂如影隨形。假如他批評小和尚，首先禪師不會快樂，再者小和尚不會快樂。假如小和尚有叛逆心態，那麼老禪師的批評就會起不好的作用。而寬容弟子，自己及弟子心中原有的快樂也會有所昇華，何樂而不為？

如果世上沒有了寬恕，生命將被永無止境的仇恨和報復控制。寬容精神是一切事物中最偉大的。愈是睿智的人，愈有寬廣的胸襟，待人愈寬容。忍住怒氣，寬容別人，這個過程雖然很痛苦，但它的結果是甜蜜的。不會寬容別人的人，也難得別人寬容，但誰能說自己不需要寬容呢？唯寬可以容人，唯厚可以載物。

學會寬容，世界會變得更加廣闊；忘卻計較，人生才會永遠快樂。生活像一片汪洋，寬容是扁舟，泛舟於汪洋之上，才知海的寬闊；生活像一座山峰，寬容是小徑，循徑而上，才知山的高大和巍峨。

人如果選擇了計較，那麼他將在黑暗中度過餘生；而一個人選擇了寬容的話，那麼他將能把陽光灑向大地，樂人樂己。生活像一杯咖啡，寬容是奶糖，兩者融合，才能讓人知道苦中的芳香與甜美。

快樂「寬容」來作主

天空收容每一片雲彩，不論其美醜，所以天空廣闊無邊；

高山收容每一塊岩石，不論其大小，所以高山雄偉無比；

大海收容每一朵浪花，不論其清濁，所以大海浩瀚無涯。

世間萬物中，大海之所以能成其大，就在於它有著無人能敵的雄偉氣魄，有著包容萬物的寬廣胸襟和細膩體貼的心。大海傳遞給我們最多的就是包容。「海納百川」是多麼宏大的氣魄啊！那一片或深邃或透明的藍承載了太多的東西，大海的包容成就了它的遼闊和富饒！人不也應該如此嗎？想要成就不平凡的一生，沒有一顆寬大仁厚的心怎麼行？心若寬如大海，其偉業必也壯如大海，其樂必也久如岩石。

日常生活中也需要以「寬容」來添加更多的快樂。夫妻之間如果沒有寬容，凡事斤斤計較，婚姻中會戰事不斷，亮起紅燈。雙方多一些寬容，多一些體貼，多設身處地為對方想一想，妻子諒解老公因正常人際交往的晚歸，丈夫理解妻子因工作疲勞偶爾的懶散，矛盾就會在寬容的陽光下冰釋雪化。因為寬容，妳是丈夫喜愛的賢慧妻子；因為寬容，你是妻子愛戀的模範丈夫；因為寬容，你是愛人眼裡最美的情人。

孩子也需要父母的寬容。寬容子女偶爾一次考試失誤，放縱孩子偶爾一次玩個痛快，比「恨鐵不成鋼」的責罵更有催人向上的鞭策力。父母對孩子多一些寬容，多一些理解，能使你成為子女欽佩的最可親可敬的父母。

同事朋友間更需要寬容。俄國作家屠格涅夫說過：「生活過，而不會寬容別人的人，是不配受到別人的寬容的。但是誰能說自己是不需要寬容的呢？」同事朋友間相處，難免有矛盾、有爭執，這就需要相互寬容、諒解，需要有海納百川的胸懷。

處處寬容別人，絕不是軟弱，絕不是面對現實的無可奈何。寬容，是人生的一種哲學。缺少了寬容，也就沒有了快樂，人生也就失去了意義。一個寬容的人，必然也是一個快樂的人！

智慧品人生

寬容是一種風度，一種灑脫，一種成熟。

海納百川，有容乃大。放開心胸，能看透世事。虛懷若谷，以平和的心態看問題，把自己的思想上升到一定的高度，做到無畏無為，開闊自己的眼界，豐富自己的內涵。擁有寬闊的胸懷，才能擁有快樂的人生！

7．人生的幸福便是放下

幸福是什麼？幸福在哪裡？人一直都在苦苦找尋。其實，一切幸福的感覺，就在那一回眸間。幸福其實就在那「放下」裡。

幸福起點在放下

人們一生都在追尋幸福，究竟怎樣才會幸福？其實獲得幸福並不難，「放下」就是幸福的開始。在感情的世界裡，有一種感情叫情愛，有一種感情叫憎恨，有一種感情叫厭惡，亦有一種感情叫傷害。放下一切刻骨銘心的傷痛，放下一切痛徹心扉的感情，那將是一種最大的幸福。愛過，痛過，恨過，擁有過，失去過，這便是幸福生活的全部真諦，只要你真正做到拿得起而且放得下，你就是幸福快樂的。懂得放下的人，是有大智慧的人，而放不下的人，患得患失，既活得累，也很難體會到幸福的滋味。放下憂愁，放下憎恨，放下煩惱，放下那些對功名利祿的苦苦追求，你立即就會感受到幸福。

人想要得到幸福，就要學會放下，學會放下一切憂愁，放下一切憎恨，放下對功名利祿的追求，放下一切不愉快和該忘記的東西，當然那也包括放下不該是你的財，放下不該你有的情，放下不該是你的愛……

「放下」是幸福的種子

幸福不是憑空而來，幸福需要激情，需要升溫，需要爆炸，而到底怎樣才可使幸福達到這種程度呢？那就是「放下」。

有的人擁有很多，卻沒有感到幸福，總是覺得缺少某樣東西，感到痛苦萬分。結果是他具備幸福的條件很多，幸福卻很少；擁有的痛苦的理由很少，痛苦卻很多。他們總覺得自己得到的不夠，應該擁有一切，而不允許自己放下一件，而那沒有得到的一件對他而言，總是最重要的一件。因為放不下，就一定要得到，因為得不到這一件，就盯住它不放，再也看不到擁有的其他許多件了；或者，因為得不到這一件，就覺得自己擁有的一切都變得毫無價值了。或許，這一件只是今天暫不給他，明天就會放在他手裡，那也不行，他現在就要。從表面上看，他的痛苦只是因為「得不到」，本質上卻是「放不下」。

「放不下」的另一阻礙是想承受一切。有的人以為，能夠承受一切才表明自己非常強大。因此，他們對人對事的態度和方式是：我能承受……這樣，幸福也就離他遠去。

人非聖賢，很多事是不能左右兼顧的，縱然有三頭六臂也同樣不能挽留將逝去的東西，順其自然或許更符合事物發展的規律。何必什麼都獨攬於手不能放開，弄得整天身心疲憊精神委靡，更可怕的是小病大病的糾纏，那可是最大的悲哀和不幸。

在人生道路上，面對鮮花和掌聲，有自知之明，能等閒視之的人多，但對於坎坷與泥濘，能以平常心視之的人少。面對大的挫折與大的災難，能不為之所動，能坦然承受，這就是度量，就是睿智。以大肚能容天下之事為樂事，這境界。既來之，則安之，這是超脫。拿得起，實為可貴；放得下，才是人生處世之真諦。

世間萬物皆相同，什麼都需要播種，而「放下」就是幸福的種子，就看你能不能種一粒有生命力的種子，而不是煮熟了的種子。

放下癡想、放下負擔、放下包袱、放下所有該放下的。這樣才能放下心頭的石頭，只有放下才能在心中播下幸福的種子，讓幸福之花開得更為燦爛。

智慧品人生

人生唯有「放下」，才可能獲得真正的快樂。

放下，並不是放下手中的物品，而是放下一顆勞累沉重的心。心靈平穩紮實了，才能安閒優雅，才會感到生活的幸福、生命的美好。一千個人眼中有一千個哈姆雷特，一千個人眼中有一千種幸福，但心情平靜、心無掛牽的那種輕靈的感覺，應該是公認的幸福！

8．知足者常樂

俗話說：「事能知足心常樂，人到無求品自高」，知足者身貧而心富，知足的人才是世界上最富有的人，最快樂的人。

放下愈多，得到愈多

人，越是想得到的東西越不容易得到，只有放下了，你才可能獲得更多。就像是急需找一樣東西卻越急越找不到一樣，因為你沒放下，所以你才找不到。

一個人經長途跋涉去尋師求教，尋到師傅後，師傅只是給他一個杯子，讓他倒滿茶。求教者奇怪地問：「這個杯子是滿的，如何再倒茶進去？」師傅說：「你的心裡裝滿了執著，如何聽得見道理？」

有些人總願意活在回憶中，回味那無窮而又除不掉的苦味，其實那並不是真實的生活。在那裡接觸不到未來，永遠都只是過去，沒有你要的未來，幻想的未來是不存在的。學著放下，放下包袱去生活，會感覺很輕鬆。該想的，該計劃的，該考慮的，在它發生前都要考慮到，但應只是記下來，不要背負著，讓自己輕鬆、快樂地活著。因為我們已經知道了，不用驚奇，更容易接受，也更容易把包袱丟掉，快樂也就離我們越來越近。

為什麼要挑著一副毫無意義的重擔去趕路呢？你要記得什麼？失去了就失去了，過去屬於過去，打翻了牛奶瓶就打翻了。昨天就是昨天。你要做的就是放下，放下，你就得到了。

人生中，你總會遇到一些能讓人心動，讓人留戀，讓人感嘆，卻並不屬於我們的美好東西。對於那些不屬於自己的，除了在心底留下一份溫馨的記憶之外，就是要學會放下。當無法走近的時候，不妨靜靜地欣賞它；當無法欣賞到它時，不妨靜靜地憧憬它；當無法擁有它時，不妨把那一份美好塵封在心靈的最深處珍藏它。牛奶瓶碎了，不能讓牛奶重新流回來；磨完的麵粉，不能再變回麥子；鋸木頭剩下的木屑，不能再變成木頭。不要為了失去的東西悲傷。

無論你的理想為何，你最終的追求永遠是快樂，所以做到了快樂和高興，就是最大的成功。

有求皆苦，無求乃樂

「求者，欲也，無欲而無求。世者，必有欲，亦必有求。

有求皆苦，無求乃樂。然求無求亦有所求也。求而無求，無求而求，唯釋懷豁達者，怡然其樂。」

求者，欲也，欲是求的本源，無論平凡一生者或功成名就者，總有欲望，勢必有所追求。人生是一條遍布荊棘的路，有無盡的坎坷與挫折，試問誰能不苦呢？人為什麼會痛苦？是因為人有「求」，就是有需要，有欲望。人生有限，而欲望則無限，欲望無法滿足，就被煩惱羈絆左右。

而「無求」是一種豁達、釋懷、坦然面對得失的人生境界，「無求」是有所求，有所不求；努力而求，又絕不強求。以無求而求，求而無求。最重要的是無論求的結果如何，必須擁有一顆釋然之心，做到得失皆樂。

現今一些人，對待名利，就像猛獸看到了快到嘴邊的乳豬，害怕咬晚了被他人叼走，拚死奮力地搶奪。有的沽名釣譽，弄虛作假；有的費盡心機，不擇手段；有的見錢眼開，唯利是圖；有的追求享樂，腐化墮落。得到滿足就欣喜若狂，無法如意就垂頭喪氣，因此種種的煩惱、禍患，隨之而來。因此古人說：罪莫大於多欲，禍莫大於不知足。

這其實都是在折磨自己，讓自己離快樂越來越遠。要知道：知足的人即使貧賤也很快樂，不知足的人就是富貴也很憂愁。「事能知足心常愜」，人不要有太大的野心，不要有太多的欲求，讓自己背負太重的心理負擔，活得太累。

「來時來，去時去，終需有，莫強求」。知足則幸福常存。

智慧品人生

放下是一種境界，是經過思索、經過痛苦、經過掙扎、經過突圍後的頓悟！放不下悲情，悲情就如絲繭纏得心透不過氣來；放不下功名，功名就如塊壘壓在心頭；放不下虛榮，虛榮就如酸鹼腐蝕著心靈；放不下仇恨，仇恨就如毒霧遮住了陽光……

「得到」的快樂是短暫的，唯有放下，才會有真正的坦然與輕鬆。快樂源於知足，知足源於放下，放下得越多，就越容易知足，知足而樂！

「知足」並不排斥進取，「無求」也不是看破紅塵，而是一種寧靜、坦然、達觀的生活態度。人要有知足的心態，不知足的精神！

9．放棄，讓自己活得灑脫

放棄對於每一個人來說，都是一個痛苦的過程。因為放棄意味著永遠不再擁有，但是想不放棄就擁有一切，最終你將一無所有。這是生命的無奈之處，生活給予我們每個人的都是一座豐富的寶庫，你必須學會放棄，選擇適合你自己擁有的。

選擇放棄，學會灑脫

選擇是一門藝術，放棄也是一門有關心靈和智慧的藝術。人生變數無窮，資源和精力卻有限，當我們得到一件事物的同時，常常意味著另一件事物的失去。選擇和放棄總是相伴的，如同選擇婚姻就意味著要失去單身的自由，成為名人就要放棄常人的閒暇。西方的一位哲學家曾經說過：「人永遠不可能同時踏進兩條河流。當我們面對兩條道路的時候，我們要勇於選擇，懂得放棄。」

人生處處要面對選擇。越長大，面對的選擇也越來越多：選擇喜愛的食品和衣服，選擇理想的學習環境，選擇合適的生活方式，選擇前進的人生方向……人生能遇到的大都是一個互相選擇的過程，無論你面對什麼樣的選擇，放棄你選擇之外的東西是必然要經歷的。

面對許多無法避免而又至關重要的選擇，選擇放棄是一種勇氣，也是一種魄力，也許你選擇的常常是讓人為難的，無標準可依的，也許你選擇之後，放棄的是會讓你終身後悔的，但不管怎樣，我們必須有所選擇、有所放棄。選擇之後就該去面對，就該讓自己更為灑脫。

張愛玲曾寫過：「娶了紅玫瑰，久而久之，紅的變成了牆上的一抹蚊子血，白的還是『床前明月光』；娶了白玫瑰，白的便是衣服上沾的一粒飯粒，紅的卻是心口上的一顆朱砂痣。」羅大佑也曾經吟唱過：「人生難得再次尋覓相知的伴侶，生命終究難捨藍藍的白雲天。」是的，人生充滿缺憾，當我們走在自己人生的路途時，會邂逅一些事，遇見一些人，遭遇一些快樂和憂傷。同時也在不可避免地錯失，自覺或不自覺地放棄另外一些同樣可貴的東西。既然選擇了放棄，就該有個好的心態去面對放棄的結果，如果斤斤計較，又如何能變得灑脫？

要擁有實實在在的生活，就要認認真真地去體會人生的每個細節，要獲得快樂的生活，必須放棄執著的貪欲，跳出紛擾的世事，讓自己的心境如晴空朗月，似行雲流水。學會灑脫，才能享受到生活的真味。學會灑脫，才能掙脫名利的繩索，達到生命至高的境界。

有一種灑脫叫放棄

人在社會中，有很多時候都會身不由己。終日忙碌讓人心靈的負擔讓人疲憊不堪，要讓心靈釋放，就該試著去放棄，給自己一份灑脫。灑脫，是在痛苦之後的平靜，是在苦澀中品味出的一絲甜蜜。只有適時放棄，擁有灑脫，才能和快樂有緣。

在人生的道路上，誰都會面臨挫折和失敗，誰都會有很多的不如意，在這種情況下，把心放寬，用灑脫的心態去面對，才讓你備感輕鬆，用堅強去戰勝眼前的困難。學會灑脫地放棄，放棄那些本不該屬於自己的東西，把傷痛和哀怨化做前進的動力，用一顆開朗的心去迎接痛苦後的新生！

「不以物喜，不以己悲」，這句箴言表達的就是放棄的真諦，更是灑脫的寫真。具備了這樣的心境，懂得放棄，才能真正地灑脫。李白放棄了權力和富貴，取而代之的是逍遙自在，得到名垂千古的「詩仙」殊榮；陶淵明放棄了世俗的功名，有了在落英繽紛、鳥語花香的世外桃源裡優哉游哉的田園生活。

人生本是一場戲，放棄之於人生而言，是瀟灑，也是解脫。學會放棄，讓心靈每天都得到淨化，剔除生活中的糟粕，讓每一天都過得有質有量，充滿著靈氣，不為已放棄的東西感到惋惜與心疼，這樣的灑脫才能使人時刻保持開闊的心胸。

懂得將放棄看成是新的開始，就意味著你的生命將注入新的能量，當你放棄一個不值得與你交往的人，當你放棄一件不值得讓你留戀的事時，生活的舞臺便能重新給你擔任新角色的自由。如果你把每次放棄都看成是迫不得已的，那麼你人生舞臺上演的劇必將成一出悲劇，這樣的沉重人生又何談灑脫呢？

智慧品人生

生活的艱辛，社會的繁雜，快樂的短暫，讓人們在無奈裡放棄了許多本該堅持的東西。但是生活原本如此，它就是一場一個人的旅行，沒有人可以替代。只是因為想要走得遠些，去穿越更鮮活的風景區，所以只能選擇孤單。總之一句話：「倘若蝌蚪總是炫耀自己的尾巴而捨不得放棄，那它將始終長不成自由跳躍的青蛙。請別忘記，捨棄是為了更好地得到。」所以，要想活得灑脫，放棄身外物、身上事是必須的。

10．不以物喜，不以己悲

不以物喜，不以己悲。——范仲淹

痛苦與快樂同在

人的一生，意料之中和意料之外的事情會不斷地出現，有大喜的，有大悲的，有讓你快樂的、幸福的、滿足的、興奮的，但也有令你沮喪的、悲哀的、失落的、痛苦的。你也不知道它們會在什麼時間、什麼地點、什麼情況下默默無聲地來到身邊。所以，無須擔心境遇不如意，也勿妄自得意安逸美好的現狀，因為快樂與痛苦是一對孿生兄弟，它們如影隨形。

戰國時，塞外住著一位老翁。一天，老翁家裡養的一匹馬無緣無故走失了。在塞外，馬是負重的主要工具，鄰居們聽說後，都來安慰他，這位老翁卻很不在乎地說：「這件事未必不是福氣！」過了幾個月，走失的那匹馬居然帶了一匹胡人的駿馬回家，這真正是賺了，鄰居都來慶賀，老翁卻說：「這未必不是禍！」幾個月後，老翁的兒子騎這匹胡馬摔斷了大腿骨，鄰居們在佩服老翁料事如神之餘也趕來慰問，而他卻毫不在意地說：「這倒未必不是福！」事隔半年，胡人入侵，壯丁統統被徵調當兵，戰死沙場者十之八九，而老翁的兒子卻因為摔斷了一條腿免役而保住一命。

塞外老翁這種透過長遠時空、利弊並重的思考問題的方法，自然產生了「不以物喜，不以己悲」的平常心，遂成為中國傳統文化中睿智的典型。這種平常心帶來了生活中的和諧，寬容之心不也是如此嗎？

人活著很不容易，需要面對的未知事物很多，生命中有快樂的同時，也夾雜著諸多的痛苦，痛並快樂著，這就是真實的人生。養成「不以物喜，不以己悲」的達觀心態，在快樂的時候，不焦不躁，努力工作，享受生活；在痛苦的時候，樂觀面對，把痛苦當成體驗生命存在的過程。

不要因為一時的痛苦而長期痛苦下去，也不要因一時的快樂而麻痺你的思想。一切順其自然，即使灰飛煙滅，你也能無憂無慮，也不會喜怒無常。得到與失去，只不過是在這一次，而不代表以後的每一次。快樂與痛苦也一樣，也只是這一次，並非代表以後的每一次。你也不要因為失去了某方面的東西，而傷心、鬱悶。因為，也許另一種你想得到的，就在下一站等候你。要有樂觀、積極的心態，不以物喜，不以己悲，像塞外老翁一樣，要從長遠考慮問題，做生活的智者。

和諧為快樂之本

和諧是沉靜，是淡泊，是寬容，是中庸，是誠摯，是禮讓，是信任，是祥和，是與人為善，是自得其樂，是退即是進，予就是得，是清心寡欲，與世無爭。

大雁高飛時排成「人」字，展示了生命的和諧之美；「相看兩不厭，只有敬亭山」，揭示了人與自然的相處之道；同舟共濟、扶危濟困，構建和諧社會的最強音符。自然需要和諧，人類需要和諧，社會需要和諧。可見，世界上的一切美麗皆是因為有了和諧，一切快樂也皆因有了和諧。

和諧是快樂之本。古人說：「家和萬事興，人和社稷安」。無論是個人、家庭，還是社會，都離不開和諧的人際關係與社會氛圍，因為，只有家庭和睦、鄰里融洽，才能創造出和諧的生活與工作環境，才能擁有舒暢而快樂的心情。

和諧而不千篇一律，不同而不相互衝突。和諧則共生共長，不同則相輔相成。和而不同，是社會事物和社會關係發展的一條重要規律，也是人們處世行事應該遵循的準則。

「營造和諧，收穫快樂。」這句話說得一點都不錯。人生在世，既有順境，也有逆境，這是人生之常態，但無論是生活還是工作，都需要我們保持快樂的心情，否則，整日只有痛苦，又何談生命的意義、真諦和價值。因此，不斷講求內心的和諧就非常重要和必要了。保持積極心態，不一味地在自己的消極意志中沉寂下去，要改變目前的不和諧狀態，就能找到快樂之源。

當然，和諧不會憑空而生，快樂也不會自己到來，它需要每一個人的努力與精心呵護，只要每個人都能從生活的細節做起，時刻記住「予人以樂，己也快樂」的格言，我們就能在和諧中享受快樂。寵辱不驚，看庭前花開花落；去留無意，觀天上雲卷雲舒。只要我們以好的心態去待人接物，無論是生活還是工作，和諧便至。

和諧猶如一幅畫，好似一首歌，它有著巨大的凝聚力，同時也有著不竭的創造力。曆覽古今，抱定這樣生活信念的人，最終都實現了人生的突圍和超越。

智慧品人生

不以物喜，不以己悲。居廟堂之高，則憂其民；處江湖之遠，則憂其君。是進亦憂，退亦憂；然則何時而樂耶？其必曰：「先天下之憂而憂，後天下之樂而樂矣！」……雖然人非聖賢，沒有幾人能做到「不以物喜，不以己悲」，但是只要讓自己內心盡量保持這種平和，快樂才會不期而至，永不腿色。

11·得之淡然，失之坦然

得之淡然，失之坦然，成功必然，順其自然。失意的時候常有，失意的時候能坦然的人不常有。人生低谷時，能調整心態，坦然面對的人，必將重新崛起。

淡然：人生真諦

用平常心淡然處事，方能舉重若輕。人生雖然不是那麼簡單，但也不是自己想的那樣複雜，放寬心境，淡然處事，就會心情舒暢許多。

一代名相諸葛亮，雖然滿腹才華，但他淡泊明志，寧靜致遠；鞠躬盡瘁，死而後已。雖為兩朝元老，但不倨傲，不貪功，不專權，被人尊敬有加。千百年來一直都被人們視為智慧的化身，效仿的榜樣。

「智者樂山山如畫，仁者樂水水無涯。從從容容一杯酒，平平淡淡一杯茶。細雨朦朧小石橋，春風蕩漾小竹筏。夜無明月花獨舞，腹有詩書氣自華。」回歸田園的陶淵明是恬淡的，他採菊東籬下，悠然見山，躬耕南野，戴月荷鋤，拋卻了公牘之勞，不為五斗米而折腰，在自由自在中度過自己的美好人生。

幾度遭貶的蘇東坡是淡然的，浩浩蕩蕩的長江陶冶了他的情操，亂石穿空的堤岸磨煉了他的意志，使他得到了人生的真諦，寄情江月，淡然處事。幸福隨手可得、俯拾即是。沒有在冰天雪地裡躑躅過的人，不會感到暖室輕衾的舒坦；沒經歷過饑餓煎熬的人，不知道溫飽的幸福；沒有過殫精竭慮的人，不會有大徹大悟的淡然。

淡然，顧名思義就是不在意，不放在心上。在對人生的態度上，淡然就是淡泊一切名利，這是得意時的最為重要的心態，不急功近利，有條不紊；不浮躁，不慍不火，十年磨劍，「淡」字功不可沒。淡然，不經心在意，卻是一種堅守；無影無形，卻是一種大智慧。

淡，卻並不平淡，而是絢爛之極。「淡」是質樸、清淡、簡約、無旁斜出、無煩冗奢華，有的只是一如既往，踏實爭取。淡是底色、成就華章，心靈淡然若水，人生便如行雲流水，輕盈飄逸。

淡者寬容、謹慎、執著，從不忘乎所以。順境時能淡然，在逆境時能坦然，人生的步履就能邁得更從容，邁得更穩健。

淡然哲學

「淡」是很簡單的一個字，卻蘊含很深的哲理。它不是平淡無味，而是有取有棄，有收有放。高山無語，深水無波。「淡然」是至美的人生境界。絢爛至極歸於平淡，不是平庸之平，也非淡而無味之淡，而是素淨質樸、寧靜深沉，是深邃的執著，是內心的祥和，是深入的淡定，是物我兩忘的境界。作為一種人生準則和處世風格，它是對人生的深層領悟，是人生境界的極致。

淡然處世，是追求簡單的生活，以寬容換得內心的寧靜。淡然的人，工作兢兢業業，生活中怡情養性，體面而不張狂，不做強人，也不做附庸。因為，人生需要執著，更需要隨緣，緣來惜緣，緣去盡釋，才可以真正的從容恬雅。淡然的人，懂得不斷地修煉從容的心性和健康的心智，在職場的拚殺中放達寬厚，氣定神閑。當白日的塵埃落定、紛繁且逝時，在燈下或開卷慢品，或靠枕細讀，將千萬縷思緒託付於溫柔寬容，在歲月的輪迴中，細緻地經營著自己的人生。

淡然處世，是對人生的寬容。淡然的人，往往受到人們的敬仰與愛戴，而那些爭名奪利之人，哪一個不是落得身敗名裂的可恥下場。

淡然處世是對人生的俯視，是一種超然於物外難得的另一番人生境界。淡然的人，明白什麼是愛，什麼是不愛，面對愛恨情仇懂得隱忍，把滄桑深埋心底，讓一切慢慢地在記憶中沉澱。淡然的人，懂得什麼是屬於自己的，什麼是不屬於自己的，活得有夢想有目標，無論這夢想是否瑰麗，這目標是否崇高，都會讓人生更加精彩、更加絢爛。

淡然活著的人，善良、率直、坦蕩，能平和地品評人生的各種滋味，享受生活的樂趣。為人處世，在積極進取的同時，不要忘了在內心深處要為自己保留一份超脫，一份淡然。

智慧品人生

遠離過去的衝動，減弱過去囂張的氣焰，你就會發現不僅煩惱的事情少了，心境也會平和許多，而且也少了許多的束縛。在人浮氣躁、物欲橫流的世界裡，淡然處世，呈現給別人的坦然的微笑，端莊的氣度，深厚的內涵。在複雜之中尋找簡單，生活將會更加愉悅！

有一種心態叫放下 全集

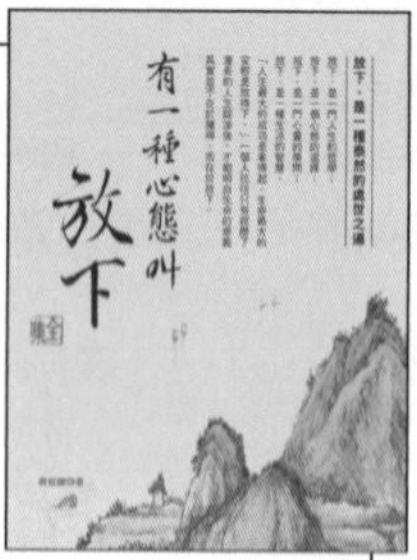

作　　者　黃冠誠
發 行 人　林敬彬
主　　編　楊安瑜
副 主 編　黃谷光
編　　輯　李彥蓉・陳佩君・王艾維
內頁編排　王艾維
封面設計　劉秋筑・王艾維
編輯協力　陳于雯・曾國堯

出　　版　大都會文化事業有限公司
發　　行　大都會文化事業有限公司
11051 台北市信義區基隆路一段 432 號 4 樓之 9
讀者服務專線：（02）27235216
讀者服務傳真：（02）27235220
電子郵件信箱：metro@ms21.hinet.net
網　　　　址：www.metrobook.com.tw

郵政劃撥　14050529 大都會文化事業有限公司
出版日期　2016 年 6 月初版一刷・2016 年 12 月初版四刷
定　　價　280 元
I S B N　978-986-5719-47-0
書　　號　Growth-082

4F-9, Double Hero Bldg., 432, Keelung Rd., Sec. 1, Taipei 11051, Taiwan.
Tel: +886-2-2723-5216 Fax: +886-2-2723-5220
web-site: www.metrobook.com.tw
E-mail: metro@ms21.hinet.net

Cover Photography:
IMAGEMORE/A026004, A026010, A026016,
A026032, A026039, A026051.

大都會文化
METROPOLITAN CULTURE
大都會文化

國家圖書館出版品預行編目 (CIP) 資料

有一種心態叫放下 全集 / 黃冠誠著 . -- 初版 . -- 臺北市 : 大都會文化 , 2016.06
288 面 ; 17×23 公分

ISBN 978-986-5719-47-0（平裝）
1. 人生哲學 2. 修身

191.9　　　104003783